Grundkurs

Filzen

Modische Accessoires und Wohnraumdekorationen

Im Grundkurs erfahren Sie alles Wichtige über Material und Hilfsmittel und erlernen mithilfe der bebilderten Schrittanleitungen verschiedene Filztechniken. Der zweite Buchteil enthält 29 inspirierende Schmuckideen.

Die im Grundkurs des Buches vorgestellten Grundtechniken werden auf dem DVD-Video noch einmal ausführlich dargestellt.

VIELSEITIGER FILZ

Seit Jahrtausenden wird Filz als Basis für Kleidung, Teppiche und von den Schafzüchternomaden von Anatolien bis in die Mongolei gar für den Jurtenbau geschätzt, Funde aus dem 4.Jahrhundert v. Chr. sind bekannt. Dank einer inzwischen riesigen Farbpalette und weiterentwickelten Techniken ist Filz nun auch aus der Mode- und der Wohnraumgestaltung nicht mehr wegzudenken. Eine Tasche im Sixtys-Look, romantischer Blümchenschmuck oder eine flippige Hülle für die Teekanne – das alles und noch viel mehr lässt sich aus Filzwolle machen. Einfacher als gedacht ist auch das Selbermachen dieser ausgefallenen Stücke. Das Beherrschen der Grundlagen bildet den Schlüssel für erfolgreiche Projekte. Wie eine Kugel aufgebaut, eine Fläche ausgelegt und eine Tasche gefilzt wird, sind nur einige der Techniken, die Sie mithilfe des Buches erlernen können. Hier werden alle Grundtechniken umfassend und reich bebildert dargestellt.
Der besondere Clou an diesem Grundkurs ist die beiliegende DVD. Hier zeigt Katja Bayer, die das Handwerk beim ungarischen Filzer István Vidák erlernte und ihr Können in den letzten neun Jahren immer weiter verfeinerte, „live" die Grundtechniken des Buches. So können manche Technikschritte noch besser nachvollzogen werden.
Haben Sie sich anhand erster Projekte mit den Grundtechniken vertraut gemacht, finden Sie bei den „Filzideen" 29 Ideen für Schmuck und modische Accessoires sowie für Ihren Wohnraum. Sehen Sie die Objekte als Anregung, die Sie mit fortschreitendem Kenntnisstand nach Belieben variieren und kombinieren können. Aber vor dem Erfolg steht der erste Schritt – willkommen im Grundkurs Filzen!

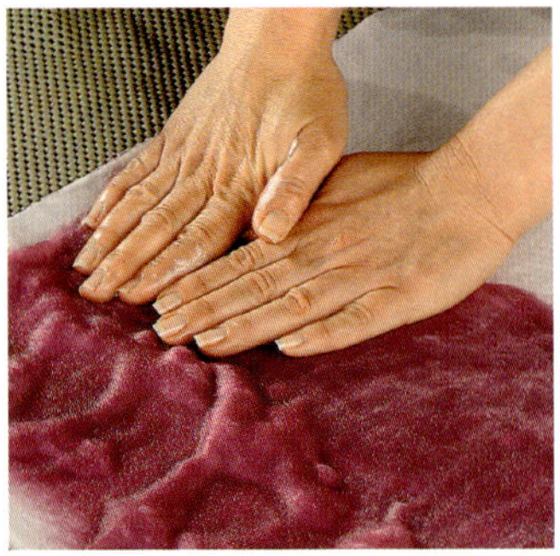

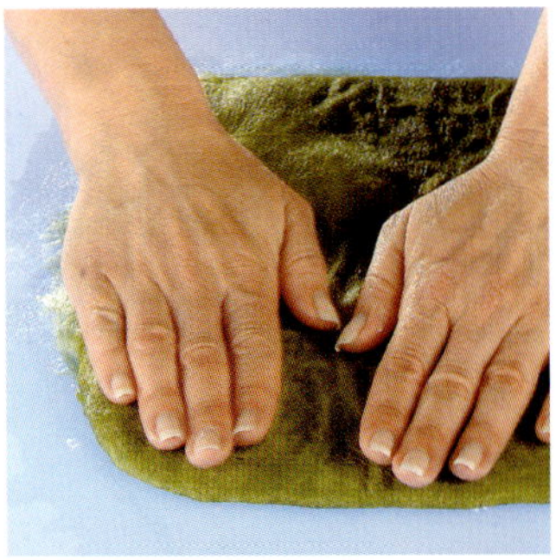

GRUNDKURS

Filz, ein Wort mit Geschichte. Filz, das ist ein Wollstoff, dessen Fasern ineinander verwoben sind. Die Wortwurzeln reichen weit zurück, laut Duden bis ins Westgermanische. Filz bedeutete danach „gestampfte Masse“. Verfilzen, das heißt sich unentwirrbar verwickeln.

Filzen ist, wie die lange Wortgeschichte zeigt, ein traditionelles Handwerk, das durch neue Hilfsmittel, farbenfrohe Wolle und modernes Design wieder aktuell ist. Die Filzeigenschaft der Wolle wurde schon vor Jahrtausenden entdeckt.
Alle Filze bestehen aus tierischen Fasern: der Wolle. Schafwolle wird am häufigsten zum Filzen verwendet. Aber auch das Kamel (Kamelhaar), die Ziege (Kaschmirwolle und Mohairwolle), das Lama, das Alpaka und das Angorakaninchen liefern Wolle, mit der sich gut filzen lässt.

Die Filzfähigkeit der Wolle richtet sich nicht nur nach der Tierart oder Rasse, sondern beispielsweise auch nach dem Alter des Tiers, dem Futter, der Umgebung, der Pflege und nach der Färbung der Wolle. Pflanzengefärbte Wolle lässt sich schwieriger und nicht so fest filzen. Bei chemisch gefärbter Wolle kann die Filzbarkeit auch durch den Farbton variieren.

Folgende Eigenschaften machen Wolle zu einem besonderen Material: Sie ist wasserabweisend, isolierend, elastisch, schwer entflammbar, schmutzabweisend, heilend und – filzbar.
Der natürliche Fettgehalt der Wollefasern verhindert das Eindringen von Regen und Tau.
Wolle kann ein Drittel ihres Eigengewichts an Feuchtigkeit aufnehmen, ohne sich nass anzufühlen.
Ihre isolierende Wirkung erhält die Wolle durch Lufteinschlüsse der aufeinanderliegenden gekräuselten Fasern.

Durch die Schuppenstruktur und die Spindelzellen im Inneren der Faser erhält die Wolle ihre Elastizität. Einzelne Wollfasern haben eine kleine, schnell brennende Flamme, die, sobald sie dichtes Gefilze oder Gewebe erreicht, erlischt.
Verunreinigungen dringen durch die glatte Oberfläche der Wollhaare nicht in die Faser ein. Meistens genügt es, Schmutz vom Gefilze abzubürsten.
Wolle kann Giftstoffe binden und neutralisieren. Eine Neutralisierung kann durch Lüften an der frischen Luft (nicht in der Sonne) stattfinden.
Durch Feuchtigkeit, Wärme und Druck (Reibung) lässt sich die Wolle filzen.

Diese Eigenschaften der Wolle machten sich Naturvölker über Jahrtausende zunutze.

Das unten stehende Symbol zeigt Ihnen an, wenn Sie ein Kapitel des Grundkurses auch auf der DVD finden.

MATERIALKUNDE

AUFBEREITUNGSFORMEN DER ROHWOLLE

Zum Filzen stehen Ihnen verschiedene Aufbereitungsformen der Wolle zur Verfügung. Die beliebtesten sind der Kammzug und das Wollvlies. Beide erhalten Sie in verschiedenen Wollqualitäten und einer großen Farbpalette.
Neben der Wolle werden noch einige Hilfsmittel benötigt, die das Filzen erleichtern: Besonders wichtig sind eine wasserdichte Unterlage und heiße Seifenlauge.

Kardenband
Der Reinheitsgrad und die Wollfasern (kurze und lange, durcheinander, gekräuselt) kommen dem Wollvlies gleich, aber hier ist die Wolle noch ins Band gebracht. Dadurch muss das Kardenband, wie der Kammzug, zum Auslegen gezupft werden. Die nicht eliminierten kurzen Fasern sind die Ursache für eine stärkere Peelingbildung, was auch der Nachteil von Wollvlies ist. Das Kardenband findet bei Filzern immer weniger Beachtung.

Wollvlies
Die Unreinheiten aus der Wolle sind beseitigt, kurze Fasern aber nicht ausgesondert. Die Wollfasern sind nahezu vollständig voneinander getrennt; lange und kurze Fasern liegen kreuz und quer (durcheinander). Die natürliche Kräuselung der Wolle ist noch erhalten.
Vliese werden für den Verkauf zu einer Rolle gewickelt. Sie sind in vielen Wollqualitäten und Farben erhältlich. Bei naturfarbenem Vlies ist die Abnahmemenge 500 g oder 1 kg. Chemisch gefärbte Wollvliese sind in einer breiten Farbpalette erhältlich. Hier sind auch kleinere Abnahmemengen möglich.

Kammzug/Strangwolle
Die gewaschenen Wollhaare werden durch Kämmen in eine Richtung gebracht. Kurze Haare und Unreinheiten werden dabei ausgekämmt. Die Wolle wird stark gestreckt, so dass die natürliche Kräuselung verloren geht und lange, glatte Fasern übrig bleiben, die in ein Band (Strang) gebracht werden. Der Kammzug lässt sich sehr fein und gleichmäßig zupfen und auslegen. Strangwolle ist in unterschiedlichen Wollarten und einer breiten Farbpalette schon in kleinen Mengen erhältlich. Im Versandhandel werden 100 g pro Farbton angeboten. In Bastelläden oder im Direktverkauf können noch kleinere Mengen erworben werden.

Lockenwolle
Das ist unkardierte, d. h. ungekämmte Wolle. Die natürliche Kräuselung ist erhalten und die einzelnen Wollfasern hängen wie bei der frisch geschorenen Wolle noch aneinander. Meist erhält man die Lockenwolle gewaschen. Unreinheiten, wie z. B. Pflanzenreste, sind allerdings weiterhin enthalten, da diese erst durch das Kämmen der Wolle beseitigt werden.
Lockenwolle gibt es inzwischen in einer großen Farbauswahl, die Abnahmemenge beträgt ca. 100 g pro Farbton oder Sortierung.
Durch ganzflächiges oder partielles Einsetzen der Locken entstehen interessant gestaltete, strukturierte Oberflächen.

Tipps

Legen Sie Wolle nur mit trockenen Händen aus. Restwolle immer gleich wieder an einen trockenen Platz legen!

Das A und O eines schönen Filzes ist das gleichmäßige Auslegen der Wolle. Beim Kammzug kann die Wolle nur gezupft werden, wenn der Halteabstand ca. anderthalb Wollhaarlängen (ca. 10 cm bis 15 cm) beträgt. Zum Zupfen das ausgedünnte Strangende in den Handballen legen und mit den Fingern die Fasern herausziehen. Diese Fasern dann wie in der jeweiligen Schrittanleitung beschrieben weiter verarbeiten, z. B. für eine Fläche dachziegelartig auslegen. Je mehr Wollschichten ausgelegt werden, desto dicker wird der Filz.

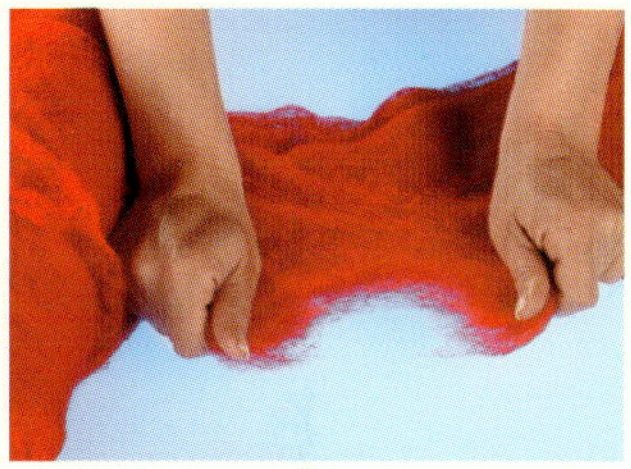

Wollvlies wird von der Rolle abgewickelt und in die gewünschte Größe und Form gerupft. Je nach Dicke des Vlieses wird noch eine zweite Lage aufgelegt. Achtung: Vliese sind oft unterschiedlich stark, d. h. an dünneren Stellen müssen noch Wollflocken nachgelegt werden.

Wolle schrumpft beim Filzen, um wieviel kann mit dem **Schrumpffaktor** berechnet werden. Dafür Wolle auf einer Fläche von 30 cm x 30 cm auslegen und filzen. Misst die Fläche danach z. B. 20 cm x 20 cm, so lässt sich daraus der Schrumpffaktor berechnen: 30:20=1,5. Mit dem Schrumpffaktor wird jedes gewünschte Endmaß multipliziert, um das Format für eine Schablone zu erhalten.

HILFSMITTEL

Gefäß und Löffel – ein Rührbecher oder eine Schüssel eignen sich gut zum Ansetzen der Seifenlauge.

Heißes Wasser – zum Herstellen der Seifenlauge. Gerade am Anfang sollte die Temperatur gut hautverträglich sein. Zum Nachwässern kann das Wasser richtig heiß sein, da es sich mit dem noch im Werkstück befindlichem kalten Wasser mischt.

Noppenfolie – für den Schablonenzuschnitt oder um größere Flächen bei der Rolltechnik (siehe Seite 14) einzurollen.

Leinentuch – zum Auslegen der Wolle bei Flächen und Formen.

Handtuch – Mit dem Handtuch kann überschüssiges Wasser abgenommen und die Hände können abgetrocknet werden.

Tipps

Als Unterlage zum Formfilzen eignet sich eine Schüssel, für kleine Flächen und Formen ein Tablett oder Backblech, für große Arbeiten eine Kofferraumwanne (Autozubehör) oder Gartenfolie mit Druckknöpfen an den Ecken, die nach dem Gebrauch zusammengerollt werden kann.

Zum Filzen kann jede Seife verwendet werden. Je nach Hautverträglichkeit und Vorliebe kann Flüssig- oder Schmierseife benutzt werden. Blockseife raspeln und mit Wasser ansetzen. Je mehr Wasser Sie zugeben, desto flüssiger wird die Seifenlauge. Zur Hautschonung kann auch etwas Olivenöl dazu gegeben werden.

Ballbrause oder Wäschesprenkler – erleichtert das Befeuchten der ausgelegten Wolle.

Filznadel – damit können Muster nachgebessert werden.

Stifte – zum Zeichnen der Schablonen.

Bambusmatte und Kern – wird für die Rolltechnik (siehe Seite 14) benötigt, als Kern können eine Rohrisolierung oder ein Papprohr verwendet werden.

Seife – dient als Gleitmittel.

Unterlage – schützt vor „Überschwemmung“. Das auslaufende Wasser kann gut aufgefangen und abgeschüttet werden.

Antirutschmatte – das Werkstück rutscht beim Walken nicht weg und Wasser kann in den Zwischenräumen aufgefangen werden. Die strukturierte Oberfläche beschleunigt den Filzvorgang.

Schere – zum Begradigen von Rändern und Zuschneiden von Schablonenmaterial.

FORMFILZEN

KUGEL, SCHNUR UND RING

Einfache Grundformen wie eine Kugel, eine Schnur oder ein Ring sind ideale Objekte für Einsteiger. Anhand dieser kleinen Projekte können Sie das Material kennen lernen – sozusagen erspüren.

KUGELFILZEN

MATERIAL

- Merinowolle in Rot, ca. 6 g (ggf. Naturwolle als Kern)

HILFSMITTEL

- Seifenlauge
- Schüssel
- Antirutschmatte und Unterlage

1 Zuerst ca. ein Drittel der Wolle an einem trockenen Platz zupfen. Der Rest der Wolle wird zu einem festen Knäuel gewickelt.
Soll, wie hier gezeigt, ein Ball gefilzt werden, kann für das Innenleben billigere Naturwolle, Restwolle oder ein Wolleknäuel verwendet werden. Die äußere Schicht (ca. 5 mm bis 1 cm) wird dann mit gezupfter Wolle in der gewünschten Farbe aufgebaut. Das Knäuel in Seifenlauge tauchen.

2 Die gezupfte Wolle schichtweise um das Knäuel legen. Zwischendurch immer wieder mit Seifenlauge befeuchten, dafür mit der Hand Wasser über den Ball schöpfen.

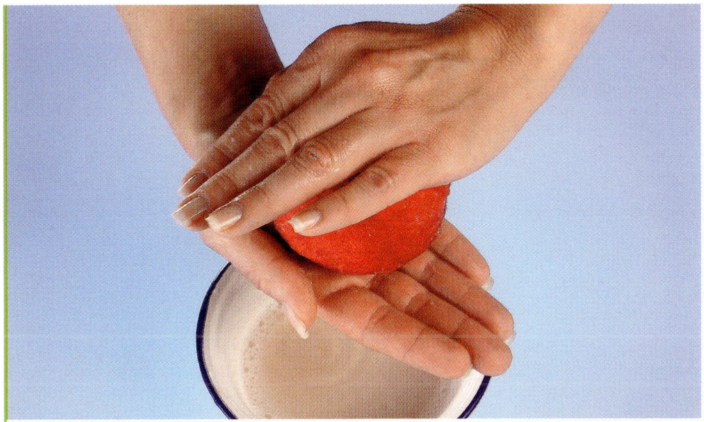

3 Nun wird die Wolle angefilzt. Dafür die Kugel zwischen den seifignassen Handflächen mit leichtem Druck kreisförmig bewegen. Dabei darauf achten, dass die Wollfasern nicht verrutschen und die Kugelform erhalten bleibt. Den Druck mit der Zeit erhöhen. Können keine einzelnen Fasern mehr aus der Oberfläche gezogen werden (siehe auch Seite 17), ist die Kugel angefilzt und das Durchfilzen kann beginnen.

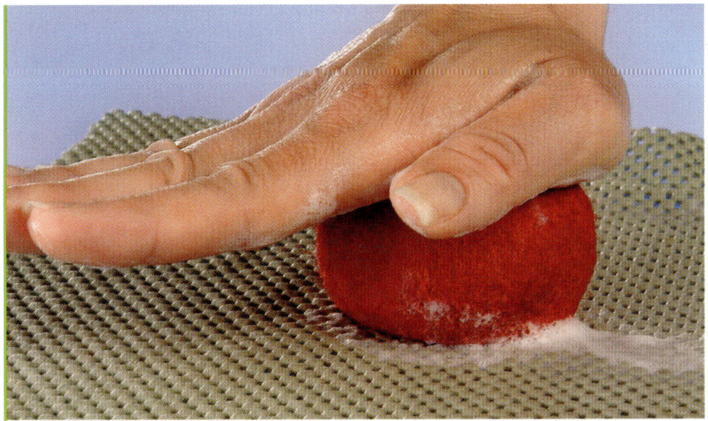

4 Zum Durchfilzen, dieser Vorgang wird auch Walken genannt, die Kugel auf einer Antirutschmatte (auf ein Tablett oder eine andere Unterlage gelegt) mit großem Druck so lange rollen und drücken, bis sie ganz fest ist. Dabei beachten, dass die runde Form erhalten bleibt. Die fertige Kugel auswaschen und auf einem Handtuch trocknen.

Tipps

Kugeln für Schmuck sollten aus einer Farbe aufgebaut werden, da sich beim Filzen andersfarbige Wolle aus dem Inneren nach außen durcharbeitet.

Bälle, die klingeln oder rasseln sollen, bekommen als Kern eine Filmdose oder eine Überraschungsei-Kapsel befüllt mit Sand, Reis oder Glöckchen.

VARIANTE SCHMUCKPERLEN FILZEN

Sollen mehrere gleichfarbige, gleich große Kugeln gefilzt werden, z. B. für eine Kette, gelingt dies am besten mit einer Schnur als Grundform. Dafür eine feste Schnur im gewünschten Kugeldurchmesser filzen (siehe Seite 12) und in Stücke schneiden. Diese auf der Antirutschmatte durch kreisende Bewegungen rund filzen.

SCHNÜRE FILZEN

MATERIAL
- Strang Merinowolle in Blau

HILFSMITTEL
- Antirutschmatte und Unterlage
- Seifenlauge

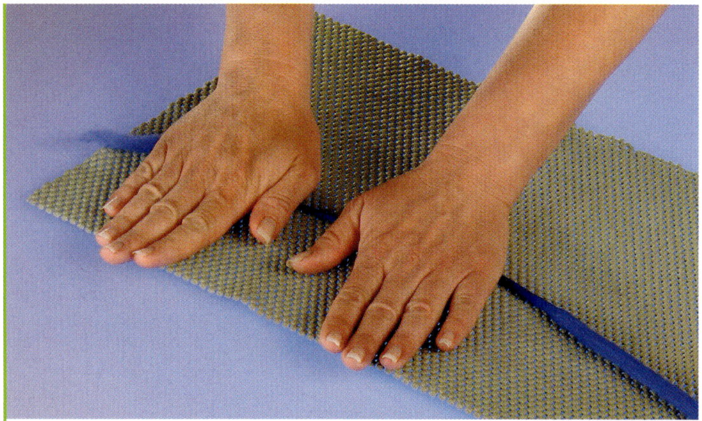

Zum Filzen von Schnüren eignet sich am besten Wolle im Kammzug. Je nach Dicke der gewünschten Schnur kann der komplette Wollstrang des Kammzugs verwendet oder, für eine dünne Schnur, auch längs ein dünnerer Stang abgetrennt werden.
Zum Vorformen die Wolle auf dem Oberschenkel oder einer trockenen Unterlage hin- und herrollen, dabei wird die Luft herausgedrückt. Dann warmes Seifenwasser auf die Antirutschmatte geben. Die vorgeformte Schnur mit wenig Druck mit beiden Händen auf der Unterlage hin- und herrollen. Mit der Zeit den Druck stetig erhöhen.

RINGE FILZEN

MATERIAL
- dünner Strang Merinowolle in Grün, ca. 15 cm lang

HILFSMITTEL
- Antirutschmatte und Unterlage
- Seifenlauge
- evtl. Schere

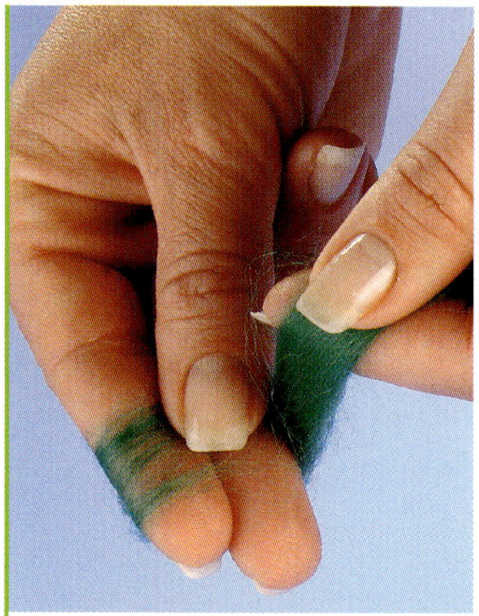

1 Einen ca. 15 cm langen Wollstrang vom Kammzug abtrennen und davon längs einen schmalen Strang abteilen. Diesen um Zeige- und Mittelfinger wickeln. Um diese zwei Finger wird gefilzt.

2 Das Ende der Wickelung in warme Seifenlauge tunken und durch Vor- und Zurückreiben auf der Handfläche anfilzen. Dann den Ring komplett nass machen.

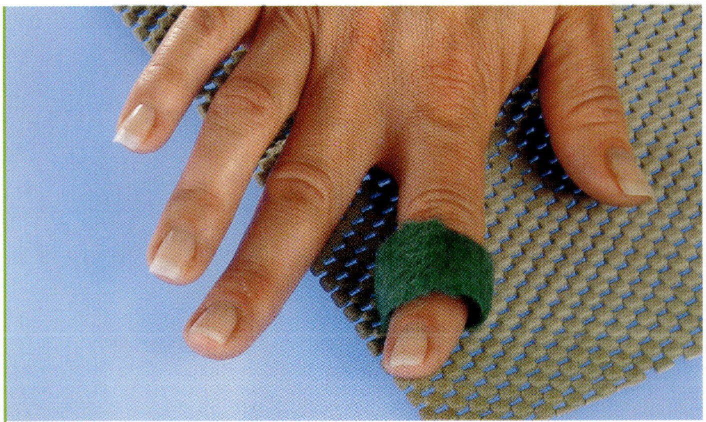

3 Um eine flache Ringschiene zu erhalten, das Filzstück auf der Antirutschmatte anfangs nur seitlich hin- und herrollen. Dabei schrumpft die Wolle, so dass mit einem Finger weitergearbeitet werden kann.

4 Jetzt die Ränder des Ringes ggf. in Form schneiden. Anschließend den Ring weiter filzen, bis er stramm sitzt. Dabei kann auch vor- und zurückgefilzt werden, um einen schönen Rand zu erhalten.

Tipps

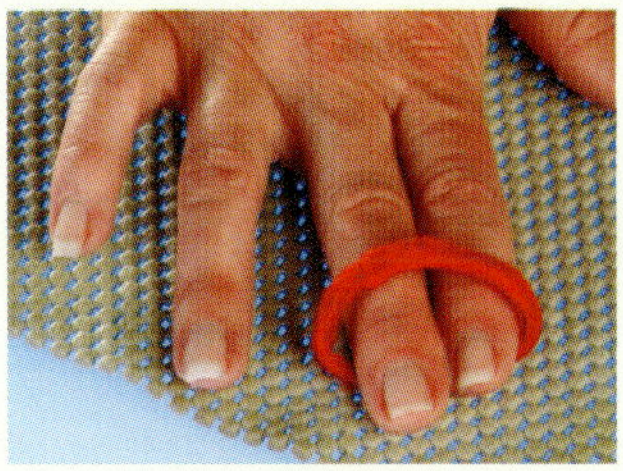

Für eine runde Ringschiene wird das Werkstück in Schritt 3 nicht seitlich gerollt, sondern wie eine Schnur vor und zurück bewegt. Nach dem Anfilzen den Ring wie in der Schrittanleitung beschrieben über einem Finger fertig filzen.

Wie ein runder Ring werden auch die Gliederkette (Seite 36) oder die Armreifen (Seite 37) gefilzt. Hier wird die Wolle allerdings zu Beginn über drei Finger bzw. den Handballen gewickelt, um die größeren Durchmesser zu erzielen.

Weitere Ideen zum **Formfilzen**

Seite 30

Seite 35

Seite 37

Seite 36

Seite 31

Seite 53

Seite 28

Seite 51

FLÄCHEN FILZEN

Flächenfilz ist vielseitig einsetzbar: Ein Sitzkissen kann daraus ebenso entstehen wie ein Teeglaswärmer. Besonders interessant ist die Gestaltung der Fläche mit Mustern, hier sind der Phantasie keine Grenzen gesetzt!

ROLLTECHNIK

MATERIAL

- Merinowolle im Kammzug in Lila, ca. 60 g, Grün, ca. 10 g, Blau, ca. 5 g, und Orange
- Strang Merinowolle im Kammzug in Grün, 4 x 50 cm lang

HILFSMITTEL

- ausreichend große Unterlage und Antirutschmatte
- Leintuch mit aufgezeichneter Schablone
- Ballbrause oder Wäschesprenkler
- Seifenlauge
- Bambusmatte und Kern (Rolltechnik)

1 Das Muster wird zuerst ausgelegt (auf einem Leintuch), hier wird gerade die Blume gearbeitet. Dafür mit dünnen, nassen Kammzugsträhnen die Konturen legen und anschließend mit Wollsträhnen das Innere ausfüllen. Durch die Begrenzung hat das Motiv nach dem Filzen einen sauberen Abschluss. Nach Belieben auch noch den grünen Rand aus Wollflocken legen, dabei an der Markierung auf dem Leintuch orientieren (siehe Schritt 2).

2 Nun die Wolle für die Hintergrundfarbe auslegen, sie verdeckt Strähne für Strähne das zuvor ausgelegte Muster. Hilfreich ist ein auf das Leintuch gezeichneter Entwurf beim Auslegen der Wolle, dabei die Schrumpfzugabe nicht vergessen. Aus der Strangwolle einzelne Strähnen auszupfen (siehe Seite 7). Diese Haare gleichmäßig in eine Reihe legen, die nächste Reihe dachziegelartig auflegen.

3 Die letzte Reihe einer Schicht gegenverkehrt auflegen. Das ergibt einen schöneren Rand, da beim Auszupfen die Strähnen an dieser Seite dichter sind.

4 Die nächste Lage wird kreuzweise aufgelegt, d. h. um 90 Grad versetzt. Ansonsten wie bei der ersten Schicht verfahren. Je dicker der Filz werden soll, umso mehr Lagen auslegen.

5 Nun die Wolle mit heißem Seifenwasser von außen nach innen befeuchten. Dazu am besten eine Ballbrause oder einen Wäschesprenkler verwenden.

6 Die Filzarbeit nun in das Leintuch einschlagen. Dieses bleibt oben offen, so entstehen beim Einrollen weniger Falten in der Fläche.

7 Das Leintuch zusammen mit der Bambusmatte und einem Kern, hier wird eine Rohrisolierung verwendet, einrollen. Wenn die Matte groß genug ist, kann auch ein Teil davon aufgerollt und erst dann die Filzarbeit mit eingerollt werden. In diesem Fall ersetzt das aufgerollte Stück der Matte den separaten Kern. Der Kern sorgt dafür, dass die Wollfasern im Inneren der Rolle nicht zu stark geknickt werden, somit keine Falten entstehen und sich die einzelnen Fasern besser verschlingen können. Das ist wichtig für eine gleichmäßige, feste Fläche.

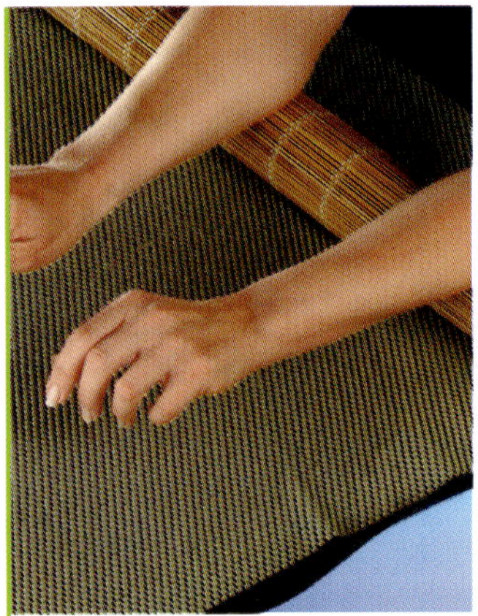

8 Die Rolle zwei- bis dreimal mit den Unterarmen wegrollen...

10 Nun die Rolle drei bis vier Minuten mit den Unterarmen vor- und zurückrollen, dabei zu Beginn nur wenig Druck ausüben.

11 Dann die Rolle öffnen, entstandene Falten in der Filzfläche vorsichtig glatt ziehen und die Ränder gerade zupfen. Die Filzarbeit in Uhrzeigersinn um 90 Grad drehen, wieder in das Leintuch einschlagen und ca. drei bis vier Minuten rollen. Viermal wiederholen. Wenden und ebenso verfahren. Arbeitsschritte 10 und 11 so oft wiederholen, bis die Wollfasern sich nicht mehr lösen, dann den Kern entfernen und weiter walken.

9 ... und wieder zu sich herheben, dadurch wird sie fester. Mit Gummis oder Schnüren kann die Rolle zusammengehalten werden.

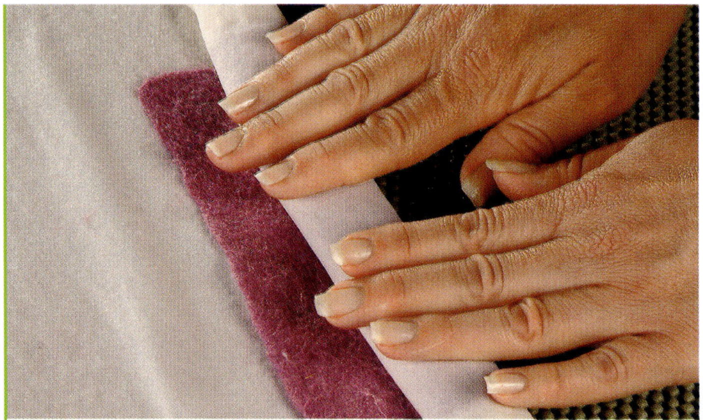

12 Ist die Wolle soweit angefilzt, dass sich keine einzelnen Fasern mehr aus dem Arbeitsstück ziehen lassen, beginnt das Walken. Hierfür das Filzstück mit heißem Wasser besprenkeln, in ein Handtuch oder Leintuch aufwickeln und kraftvoll rollen. Nach zwei bis drei Minuten das Handtuch öffnen. Das Filzstück in Form ziehen und drehen, anschließend wieder aufrollen und erneut mit Druck walken. Dies solange wiederholen, bis die Filzarbeit auf die gewünschte Größe geschrumpft ist. Anschließend ausspülen und auf einem Handtuch trocknen. Zuletzt dämpfen.

Hinweise

Während des gesamten Filzen und Walkens sollte der Filz immer wieder mit heißer Seifenlauge begossen werden, das beschleunigt den Filzvorgang.

Die Wolle schrumpft in die Richtung, in die gewalkt wird. Deshalb ist es wichtig, das Arbeitsstück von allen Seiten gleichmäßig zu bearbeiten.

Beginnen Sie nicht zu früh mit dem Walken, da sonst die Oberfläche unregelmäßig wird.

VARIANTE REIBETECHNIK

Statt die Wolle einzurollen, kann sie auch mit der Hand bearbeitet werden, das ist die so genannte Reibetechnik. Das sichere Beherrschen dieser Technik ist auch die Voraussetzung für das Filzen von Blüten und Hohlkörpern.
Die Wolle wie in den Schritten 2 bis 5 auf Seite 15 beschrieben auslegen, dann den unten beschriebenen Schritten folgen. Das Walken erfolgt wie in der Schrittanleitung links erklärt (Schritt 12).

1 Die ausgelegte Wolle von außen nach innen mit heißer Seifenlauge besprengen. Mit nassen, seifigen Händen die Luft aus den Wollschichten drücken.

2 Dann mit den Handflächen vorsichtig mit kreisenden Bewegungen die Wolle anfilzen. Wichtig ist es, mit sanftem Druck von außen nach innen auf die Wolle einzuwirken. Die Fasern dürfen nicht verschoben werden!
Zum Anfilzen evtl. eine Folie auf das Arbeitsstück legen, das verhindert das Verrutschen der Wolle, außerdem bleibt das Seifenwasser länger warm.

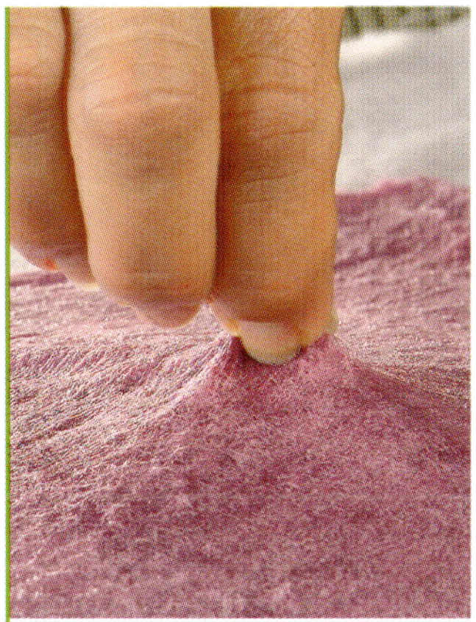

3 Während des Filzens den Druck steigern. Die Kraft sollte sich dem Filzfortschritt anpassen. Immer nur soviel Druck auf die Wolle ausüben, dass sich die Wollefasern nicht verschieben. So fortfahren, bis sich keine Fasern mehr aus dem Objekt ziehen lassen. Anschließend die Filzfläche wenden, ebenso filzen und zuletzt walken.

Tipps

Wolle schrumpft beim Filzen, die im Buch verwendete Merinowolle z. B. um ca. 30 bis 40 Prozent. Allgemein gilt: Feinfasrige Wolle geht mehr ein als grobfasrige. Wird die Wolle dick ausgelegt, schrumpft sie weniger als dünn ausgelegte Wolle. In der Bambusmatte gerollte Filzstücke gehen weniger ein als in Reibetechnik gearbeitet. Im Handtuch gewalkte Stücke gehen mehr ein als im Tuch gewalkte Stücke.

Beim Einarbeiten anderer Materialien sollte deren Anteil 30 Prozent nicht übersteigen. Die Materialien werden eingefilzt, d. h. sie filzen nicht selbst, sondern die Wollhärchen durchdringen kleinste Zwischenräume im Fremdmaterial und verfilzen miteinander. Dadurch wird das Material gehalten.

Weitere Ideen zum **Flächen filzen**

BLUMEN FILZEN

MATERIAL
- Vorfilz in Weiß, ca. 10 cm x 10 cm
- etwas Merinowolle in Dunkelrot, Orange, Hell- und Dunkelgrün

HILFSMITTEL
- Seifenlauge
- Antirutschmatte und Unterlage
- Schablone aus Pappe o. Ä.
- Schere
- Folie

Florales ist beliebt in allen Künsten – natürlich auch beim Filzen. Was könnte schöner schmücken als eine zarte Malve oder eine prachtvolle Rose? Die Grundlage einer Blume bildet immer eine Fläche, erst durch das Zurechtschneiden und Ausformen der Blüte entsteht das Naturabbild.

1 Für diese sternförmige Blüte mithilfe einer Schablone einen fünfzackigen Stern aus Vorfilz ausschneiden. Für den Vorfilz zwei Lagen Wolle kreuzweise auslegen und in der Roll- oder Reibetechnik (ab Seite 14) kurz anfilzen.

2 Die Sternform auf die Unterlage legen. Einen kleinen, lockeren Bausch rote Wolle mittig auflegen und einige orangefarbene Fasern darauf platzieren. Mit Seifenlauge begießen, leicht andrücken und umdrehen.

3 Auf die Rückseite in die Mitte einen lockeren Bausch hellgrüne und darauf etwas dunkelgrüne Wolle legen. Das ergibt den Stielansatz.

4 Nun das Ganze in kreisenden Bewegungen (Reibetechnik) solange filzen, bis sich die unterschiedlichen Wollfarben gut verbunden haben.

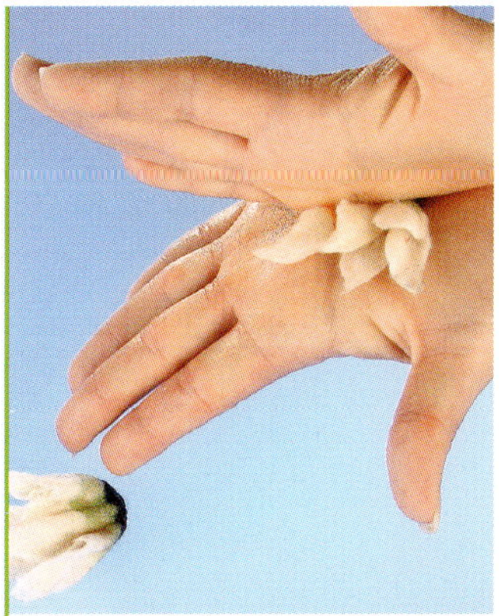

5 Nach dem Anfilzen wird die Blüte in der Hand gewalkt. Dafür die Blüte am Stielansatz trichterförmig aufnehmen und zwischen den Handflächen hin- und herbewegen. Zwischendurch immer wieder zurechtzupfen.

6 Die Blütenblätter eventuell nachschneiden, bauchig ziehen und am Ende eine Spitze stehen lassen. Bei der fertigen Blüte werden die Blütenblätter nach außen aufgebogen.

VARIANTE BLÜTEN MIT STIEL

1 Für die Blüte wird aus Vorfilz eine runde, ca. 10 cm große Grundform ausgeschnitten. Darauf farbige Wolle auf die Vorder- und Rückseite legen (siehe Schritte 2 und 3 links). Für den Stiel aus grüner Strangwolle (ca. einen halben Kammzug stark) eine beliebig lange Schnur filzen (Seite 12). Der Stiel sollte am Ansatz etwas dicker sein, dafür hier noch etwas Wolle (am Kammzug einmal zupfen) auflegen. An der dickeren Seite ca. 2 cm ungefilzt lassen, denn nur ungefilzte Teile können verbunden werden.

2 Das ungefilzte Ende des Stiels zu einem Kreis auffächern und auf die dunkelgrüne Wolle legen. Nun den Stiel mit kreisenden Bewegungen rundum anfilzen. Dadurch wird gleichzeitig die unten liegende Blüteninnenseite gefilzt. Anschließend die Blüte am Stiel aufnehmen und zwischen den Handflächen fertig walken. Deutlich mehr Druck auf den Stielansatz ausüben als auf die Blüte selbst; so schrumpft sie außen nicht so stark und wirkt dadurch luftiger.

ROSEN FILZEN

MATERIAL

- Merinowolle in Rot, 5 g
- Merinowolle in Hellgrün und Dunkelgrün, je 1 g
- Nähnadel und Nähgarn in Rot

HILFSMITTEL

- Schere
- Stift und Pappe für Schablone
- Seifenlauge
- Antirutschmatte und Unterlage

1 Aus der roten Wolle einen zweilagigen, ca. 12 cm x 16 cm großen Vorfilz herstellen. Daraus mithilfe einer Schablone elf Blütenblätter ausschneiden. Die Schnittkanten durch Reiben etwas nachfilzen. Die Blütenblätter mit Nähgarn aneinander heften, indem das mittlere Blütenblatt eingerollt wird und die anderen nacheinander über Lücke angenäht werden.

2 Die hell- und dunkelgrüne Wolle für die Blätter in einer Hand halten und mit der anderen Hand mehrfach ein Teil herauszupfen und wieder auflegen. So wird die Wolle meliert und wirkt lebendiger.

3 Die melierte Wolle dreiteilen und bei jedem Strang ein Ende zusammenzwirbeln. Dann die Stränge wie ein Kleeblatt anordnen und in der Reibetechnik (siehe Seite 17) anfilzen.

4 Die zusammengenähten Blütenblätter und die Blätter zusammennähen. Die Nähgarnstiche verschwinden beim Filzen. Dann die Blume fertig filzen. Dafür zuerst den Boden auf der Handfläche reiben, so dass sich Blätter und Blüten gut miteinander verbinden, ...

5 ... dann die einzelnen Blütenblätter filzen. Dafür mit den Fingern darüber reiben. Zwischendurch alles immer wieder zurechtzupfen.

Tipps

Vorfilz nennt man eine nur leicht angefilzte Fläche. Die Fasern haben sich nur leicht verbunden, eine Vorstufe des Filz ist entstanden.

Für Vorfilz zwei Wolllagen kreuzweise auslegen und in der Roll- und Reibetechnik anfilzen.

Vorfilz eignet sich auch gut, um Muster in Flächen einzuarbeiten, wie das Labyrinth-Sitzkissen auf Seite 49 zeigt.

Weitere Ideen zum **Blumen filzen**

Seite 45

Seite 50

Seite 40

SCHABLONEN-FILZEN

MATERIAL
- Merinowolle in Grün, ca. 35 g
- Merinowolle in Blau, ca. 4 g

HILFSMITTEL
- zugeschnittene Schablone aus Noppenfolie o. Ä.
- Antirutschmatte und ausreichend große Unterlage
- Leintuch
- Seifenlauge

Schablonenfilzen, das ist nahtloses Filzen. Manche nennen es auch Hohlfilzen. Durch das Einfilzen einer Kunststoffschablone zwischen zwei Wolllagen wird deren Verfilzen verhindert und es entstehen nahtlose Hohlkörper. Die Technik wird vor allem für das Filzen von Taschen, Hüten, Schuhen und Hüllen, wie z. B. Eierwärmern, verwendet.

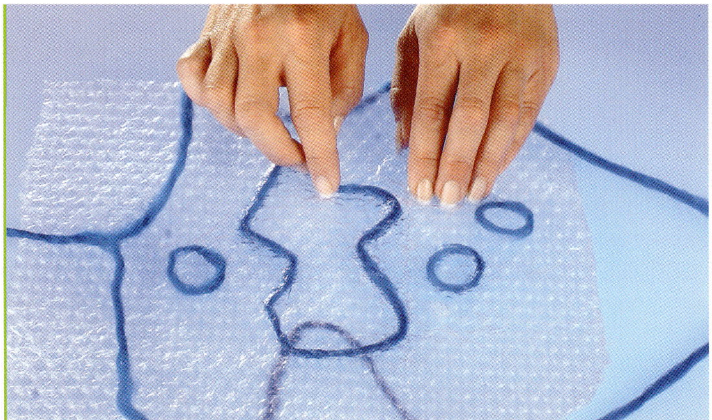

1 Zuerst wird der Entwurf ausgearbeitet, mit dem Schrumpffaktor multipliziert und die Schablone, z. B. aus Noppenfolie, erstellt.
Den Arbeitsplatz vorbereiten: entsprechend der Größe der Schablone die Unterlage mit Antirutschmatte auswählen. Dann ein Tuch auslegen (z. B. ein altes Leintuch, das etwa doppelt so groß wie das Werkstück ist) und darauf die Schablone platzieren. Das Muster auf die Schablone legen. Hier wird dafür ein ca. 1,30 m langer Strang vom Kammzug abgetrennt. Ca. ein Drittel der Länge nochmals längs teilen. Die zwei dünneren Enden überlappend legen, um eine Schlinge zu erhalten und die Schnur sowie die Schlinge trocken vorrollen. Den dickeren Strangteil zu einer Schnur fertig filzen (ca. 65 cm lang). Die ungefilzte Schlinge um die Schablone legen, so dass der schon gefilzte Teil als Verschluss an dem Taschenschlag mittig anliegt. Zusätzlich nach Belieben noch kleine Wollkringel an den Stellen auflegen, die leer aussehen.

2 Nun die Wolle auslegen. Am Rand des Hohlkörpers sollten die gezupften Wollfasern zur Hälfte über die Schablone herausragen. Zuerst die Wolle rund um den unteren Rand legen – das wird die Tasche –, dann die Fläche dazwischen ausfüllen.

3 Nun den oberen Teil der Schablone mit Wolle bedecken, das wird der Überschlag. Auch hier die Wollstücken zuerst am Rand entlang legen, sie überlappen nicht. Dann wieder die Fläche dazwischen füllen.

4 Anschließend eine weitere Schicht Wolle auf die Tasche, nicht aber auf den Überschlag, legen. Die Strähnen am Rand wieder überlappen lassen.

5 Mit warmer Seifenlauge die Wolle auf der Schablone nass machen, dabei zuerst den Rand, dann die restliche Fläche befeuchten, und in der Reibetechnik anfilzen (siehe auch Erläuterung Schritt 8). Der überlappende Rand bleibt trocken und wird beim Filzen ausgespart.

6 Als nächstes wird die Filzarbeit umgedreht, so dass die Schablone oben auf liegt. Die herausragenden, nicht gefilzten Wollfasern um den Schablonenrand einschlagen, befeuchten und die entstandenen Falten mit den Fingern vorsichtig zurechtzupfen.

7 Anschließend den Taschenkörper mit Wolle auslegen, der Überschlag bleibt frei. Anschließend vom Rand zur Mitte befeuchten. Dabei wie in den Schritten 2 bis 5 vorgehen – allerdings die Wolle hier nur gleichmäßig bis zum Schablonenrand auslegen, da überstehende Fasern zu einer Wulstbildung führen würden.

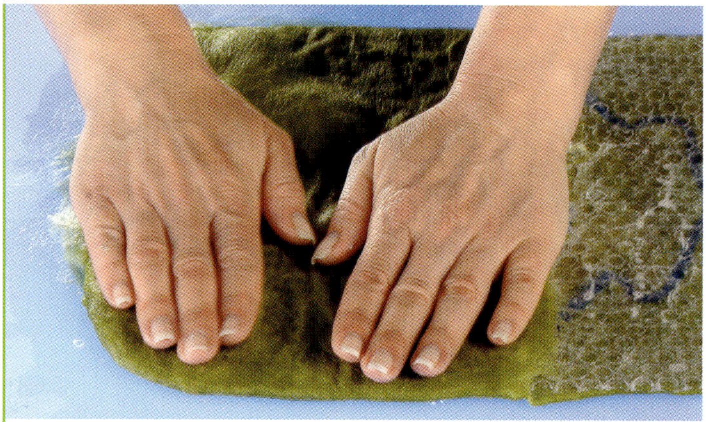

8 Nun wird auch diese Seite der Filzarbeit in der Reibetechnik angefilzt. Zuerst mit nassen, seifigen Händen die Luft aus den Wollschichten drücken. Dann mit den Handflächen vorsichtig mit kreisenden Bewegungen die Wolle anfilzen. Dabei mit sanftem Druck von außen nach innen auf die Wolle einwirken, die Fasern dürfen nicht verschoben werden! Während des Filzens den Druck steigern. Die Kraft sollte sich dem Filzfortschritt anpassen. Immer nur soviel Druck auf die Wolle ausüben, dass sich die Wollfasern nicht verschieben. So fortfahren, bis sich keine Fasern mehr aus dem Objekt ziehen lassen.

9 Die Ränder müssen gesondert gefilzt werden. Dafür die Schablone anheben und mit den Handinnenseiten über den Rand reiben.

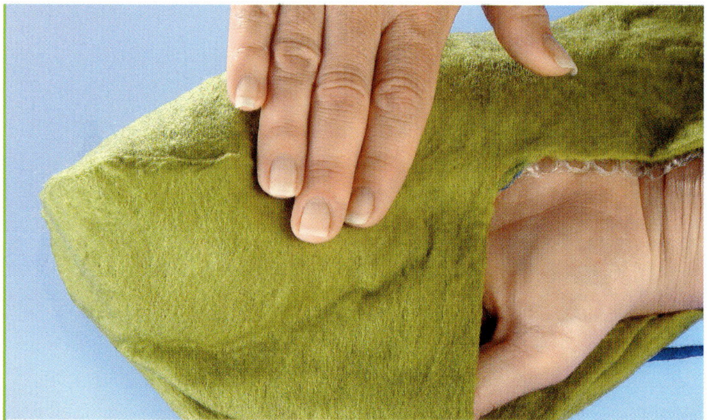

10 Ist die Wolle gut angefilzt, werden die Ränder geglättet. Dazu eine Hand in die Tasche stecken, sie stützt von innen, und mit der anderen von außen in kreisender Bewegung filzen.

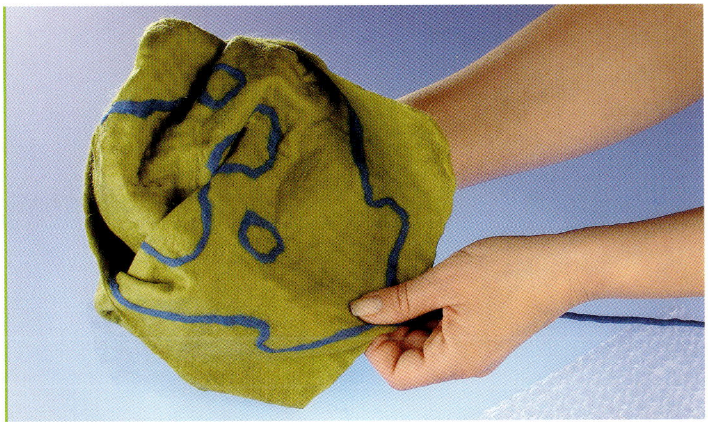

11 Die Schablone herausnehmen und die Tasche wenden. Den Überschlag zuklappen und die Tasche im Handtuch walken, bis sie die richtige Größe hat. Zwischendurch die Schnur immer wieder separat rollen, damit die Form erhalten bleibt.
Dann auswaschen, wieder in Form legen und trocknen. Zum Dämpfen abschließend bügeln.

Tipps

Zum Herstellen einer gleichmäßigen zweilagigen Filzfläche halbieren Sie den Wollstrang vor dem Auslegen, dadurch steht Ihnen für jede Lage gleich viel Wolle zur Verfügung.

Reiben Sie beim Filzen immer von außen nach innen, da sonst die Wolle nach außen getrieben wird und Löcher bzw. dünne Stellen entstehen.

Die nasse Wolle sollte immer fest um den Schablonenrand liegen. Um das zu erreichen, wird mit der Hand häufig an den Rändern um die Form herum gerieben, so dass keine Wülste entstehen. Wird die Wolle über den Schablonenrand gerieben, kann die Schablone die Wollschichten nicht mehr trennen, sie filzen dann zusammen.

Ist die Tasche beim Walken am Übergang zum Überschlag, also vom einlagigen zum zweilagigen Filz, zu wenig eingegangen, wird sie im offenen Zustand quer eingerollt und nur an dieser Stelle mal von der einen, dann von der anderen Seite mit viel Druck gewalkt.

Weitere Ideen zum **Schablonenfilzen**

Seite 33

Seite 35

Seite 39

Seite 45

Seite 47

FILZ-IDEEN

Nach der Pflicht kommt die Kür – nun können Sie Ihre neu erlangten Filz-Kenntnisse anwenden. Auf den folgenden Seiten finden Sie inspirierende Beispiele für modische Accessoires und Wohnraumdekorationen aus Filz.

Mag manches auch komplex wirken – letzten Endes beruhen alle Filzideen auf den im Grundkurs erlernten Techniken: Form-, Flächen-, Blumen- und Schablonenfilzen.
Anhand der Schwierigkeitsgrade können Sie Ihre Projekte auswählen; sind Sie noch nicht so geübt, beginnen Sie erst einmal mit kleinen, einfachen Stücken, bevor Sie sich an eine Tasche wagen.

Die Ideen reichen von sportlich bis edel, da ist für jeden Anlass das Passende dabei! Verspielte Ringe mit Kugelbesatz oder bunte Flachringe, die durch Farbe und Verzierung unendlich variiert werden können, sind ebenso enthalten wie trendy Langketten, kleine und große Taschen für jeden Tag oder den großen Auftritt sowie zeitlos schöne Blumenaccessoires.

Schöner wohnen können Sie mit Sitzkissen im Jurtenstil, einem bunten Kugelmobile, romantischen Lichterketten, einer blumigen Frühstückstischdeko und raffiniert gestalteten Deko-Halbkugeln.

Die einzelnen Modelle können anhand der Schrittanleitungen leicht nachgearbeitet werden, Sie können sie aber auch nach Belieben in Form und Farbe abwandeln. So werden aus den 29 gezeigten Ideen leicht mehrere Dutzend.
Sie werden sehen, mit dem Beherrschen der Filz-Grundtechniken, etwas Muße und Phantasie sind Ihrem Schaffen keine Grenzen gesetzt!

Bei jeder Filzidee finden Sie eine umfassende Materialliste. Legen Sie sich die benötigten Materialien vor dem Anfertigen des Objektes bereit. Auch Angaben zur verwendeten Filztechnik und zum Schwierigkeitsgrad sind enthalten.
Nicht noch einmal aufgeführt sind die Hilfsmittel, orientieren Sie sich dafür an den Listen im Grundkurs.

Die einzelnen Schmuckideen sind in folgende Schwierigkeitsgrade unterteilt:

einfach

etwas schwieriger

anspruchsvoll

MODISCHE ACCESSOIRES

KUGELRUND

Fingerringe

1 Jeder Ring besteht aus einer flachen Ringschiene, die wie auf Seite 13 beschrieben angefertigt wird.

2 Auf diese Ringschiene die Kügelchen aufnähen. Die kleinen Filzkugeln sind maximal 7 mm groß und werden wie auf Seite 11 beschrieben angefertigt.

3 Beim Annähen zuerst die großen Kugeln fixieren, die kleinen werden oben aufgesetzt. Achten Sie beim Anordnen und Festnähen der Kugeln darauf, dass sie dicht aneinander liegen, so dass keine Kugeln störend an die benachbarten Finger stoßen können.

Halskette

1 Sieben Filzkugeln mit ca. 2 cm Durchmesser wie auf Seite 10/11 beschrieben anfertigen. Nach dem Trocknen werden sie zusammen mit den Glasperlen auf Schmuckdraht gezogen.

2 Beim Aufreihen der Perlen an der Abbildung orientieren. Zum Aufziehen der Filzkugeln wird eine Nadel benötigt.
Für eine enganliegende Kette an einem Ende des 45 cm langen Schmuckdrahtes die Silberöse mit einer Quetschperle befestigen und die Hülse aufziehen. Dann Glas- und Filzperlen aufreihen. Am Drahtende wieder eine Hülse aufziehen und die Öse mit einer Quetschperle fixieren. Die Silberhaken in die Ösen einhängen.

TECHNIK
Formfilzen (ab Seite 10)

SCHWIERIGKEITSGRAD

MATERIAL PRO RING
- Strang Merinowolle im Kammzug in Hellgrün oder Hellblau, ca. 15 cm lang
- etwas Merinowolle im Kammzug in Blau- und Grüntönen
- Nadel und Nähgarn in Blau- oder Grünton

HALSKETTE
- etwas Merinowolle im Kammzug in Hellblau und verschiedenen Türkistönen
- Schmuckdraht, ca. 45 cm lang
- Kettenverschluss in Silber, S-Form, 2 cm lang
- 2 Metallösen in Silber, ø 4 mm
- Quetschperlen in Silber
- 2 Silberhülsen, ø 3 mm, 1,5 cm lang
- 10 Glasperlen in Petrol, ø 8 mm
- 36 Glasperlen in Transparent, ø 3 mm
- 18 Glasperlen in Hellblau, ø 2,5 mm
- Schmuckzange
- Nadel mit größerer Öse

EDEL VERZIERT

TECHNIK
Formfilzen (ab Seite 10)

SCHWIERIGKEITSGRAD

MATERIAL PRO FINGERRING
- dünner Strang Merinowolle im Kammzug in Grün, ca. 15 cm lang
- Nadel und Nähgarn in passender Farbe
- Perlen nach Belieben, z. B. Glasperlen, Wachsperlen, Glasstifte

1 Eine flache Ringschiene wie auf Seite 12/13 beschrieben filzen. Diese entweder einfarbig anfertigen oder vor dem Filzen noch einen sehr dünnen andersfarbigen Wollstrang auflegen. Damit dieses nicht verrutscht, ihn mit wenig Druck anfilzen.

2 Nach dem Trocknen den Ring mit farblich passendem Nähgarn im Blindstrich mit Perlen besticken. Dafür werden die Perlen auf der Oberfläche aufgenäht, die Nadel wird dabei aber nicht ganz durch den Filz gestochen.

BUNTE BÄLLE

TECHNIK
Formfilzen (ab Seite 10)

SCHWIERIGKEITSGRAD

MATERIAL
- Merinowolle im Kammzug in Rosa, Hellgrün oder Hellblau, ca. 5 g
- etwas Merinowolle im Kammzug in dunklerer Kontrastfarbe
- Schlüsselring
- gewachste Schnur in passender Farbe, ca. 30 cm lang
- dicke, spitze Nadel mit großem Nadelöhr
- farblich passende Glasperlen in unterschiedlichen Größen

Tipp

Achten Sie darauf, dass die Glasperlen ausreichend große Löcher zum Durchziehen der Wachsschnur haben. Bei den oberen Perlen sollte je nach Design der doppelte Faden durchpassen!

1 Etwas Wolle ca. drei- bis viermal zupfen und auf die Seite legen. Aus dem Rest wie auf Seite 10 beschrieben ein festes Knäuel wickeln, in Seifenlauge eintauchen, mit der gezupften Wolle umlegen und glatt streichen.

2 Nun wird das Linienmuster aufgelegt. Dafür aus der kontrastfarbenen Wolle eine dünne Schnur trocken vorrollen, die Enden zu einer Schlinge rollen und die Schnur auf die Kugel legen.

3 Nun die Kugel zwischen den Handflächen ganz vorsichtig rollen, damit die Schnur nicht verrutscht. Nach dem Verfestigen der Oberfläche auf einer Antirutschmatte walken.

TREND-BAG

TECHNIKEN
Flächen filzen (ab Seite 14)
Formfilzen (ab Seite 10)
Schablonenfilzen
(ab Seite 22)

SCHWIERIGKEITSGRAD

MATERIAL

- Merinowolle im Kammzug in Lindgrün oder Hellblau, 110 g
- Merinowolle im Kammzug in Dunkelgrau oder Braun, 35 g
- Vorfilz aus zwei Lagen Merinowolle in Lindgrün oder Hellblau, 14 cm x 14 cm
- Vorfilz aus drei Lagen Merinowolle in Dunkelgrau oder Braun, 20 cm x 20 cm
- altes Buch als Form zum Umfilzen, ca. 24 cm x 16 cm x 5 cm
- Frischhaltefolie
- Noppenfolie für Schablone, 40 cm x 30 cm
- Nadel und Faden in Dunkelgrau oder Hellgrün

VORLAGE SEITE 54

1 Ein altes Buch gibt der Tasche ihre kantige Form. Das Buch in Frischhaltefolie einwickeln. Nun den Buchumfang der Höhe und der Breite nach ausmessen und den Wert halbieren; das ergibt die Größe der fertigen Tasche.
Für die Schablone die erzielten Maße mit dem Schrumpffaktor multiplizieren und in dieser Größe eine rechteckige Schablone auf die Noppenfolie zeichnen. Die Ecken am Taschenboden leicht abrunden und die Form ausschneiden.

2 Zuerst wird der flache Gurt gefilzt. Dafür einen ca. 1,5 m langen Strang von der grünen (hellblauen) Wolle abtrennen und auf der Filzunterlage gleichmäßig auf ca. 9 cm Breite ziehen. An den Enden etwa 25 cm ungefilzt lassen. Mit den ungefilzten Enden wird der Gurt später mit dem Taschenkörper verbunden.

3 Zum Filzen die Wolle mit Seifenlauge befeuchten, jetzt werden dünnere Stellen sichtbar. Auf diese noch etwas gezupfte Wolle auflegen. Den Gurt in der Reibetechnik (siehe Seite 17) gut anfilzen, bevor er in der Rolltechnik (ab Seite 14) gewalkt wird, um eine gerade Kante zu erhalten.

4 Den fertigen Gurt an den nicht abgerundeten Ecken der Schablone anlegen. Die ungefilzten Enden

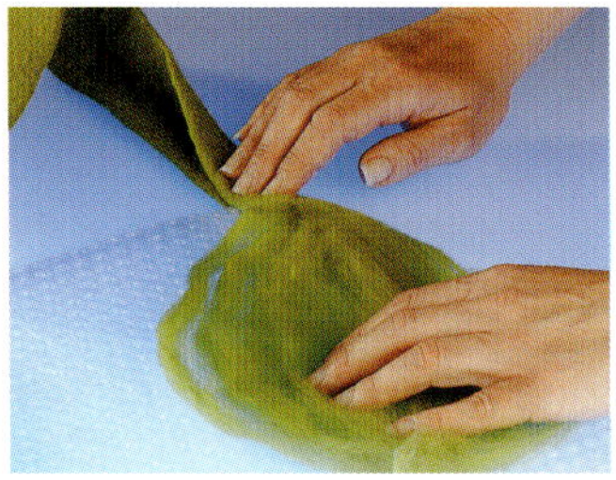

jeweils in der Mitte halbieren und eine Hälfte unter die Schablone legen, die andere darauf auffächern (siehe kleines Foto links).

5 Nun die Wolle in drei Lagen auf der Schablone auslegen; bei jeder Lage die Legerichtung wechseln. An der Taschenöffnung schließen die Wollfasern bündig mit dem Schablonenrand ab, ansonsten stehen sie wie auf Seite 23 beschrieben darüber hinaus. Diese Seite in der Reibetechnik anfilzen. Die Arbeit dann umdrehen, so dass die Schablone oben aufliegt.

6 Die ungefilzten Gurtenden wieder auffächern, den überstehenden Rand von der anderen Schablonenseite einschlagen und die Wolle bündig mit dem Schablonenrand auslegen. Das Ganze anfilzen.
Wenn sich die Oberfläche verfestigt hat, die Tasche über dem Buch fertig in Form walken. Anschließend auswaschen und über dem Buch trocknen lassen.

7 Den Überschlag separat filzen und nachträglich annähen (siehe kleines Foto rechts). Aus den Vorfilzen einen grauen (braunen), 20 cm großen Kreis und einen grünen

(hellblauen), 14 cm großen Kreis schneiden. Den kleinen Kreis mittig auf den großen legen.

8 Eine zweilagige Filzfläche auslegen und anfilzen. Sie ist 10 cm schmaler als die Schablone und so lang wie der Längsumfang dieser. An einem Ende des Streifens ca. 7 cm ungefilzt lassen. Hier die Vorfilzkreise mittig auflegen und anfilzen.

9 Nun in der Mitte der Überschlagklappe für den Verschluss einen ca. 2,5 cm langen Schlitz einschneiden. Am anderen Ende des Filzbesatzes laut Vorlagenzeichnung einen Zipfel schneiden. Dann den Besatz fertig filzen.

10 Aus ca. 8 cm langem Kammzug eine fingerdicke, feste Schnur filzen. Die Enden mit der Schere schräg abschneiden und die Schnittkanten nachfilzen. Das Schnurstück als Verschluss in den Zipfel einwickeln und festnähen.

11 Den Taschenbesatz um die Tasche herumlegen, den Verschluss schließen, alles richtig positionieren und den Besatz festnähen.

IMMER ALLES GRIFFBEREIT

TECHNIKEN
Schablonenfilzen (ab Seite 22)
Formfilzen (ab Seite 10)

SCHWIERIGKEITSGRAD

MATERIAL ORANGEFARBENES TÄSCHCHEN

- Merinowolle im Kammzug in Orange, ca. 7 g
- etwas Merinowolle im Kammzug in Hellgrün
- Noppenfolie, ca. 30 cm x 25 cm

DUNKELBLAUES TÄSCHCHEN

- Merinowolle im Kammzug in Dunkelblau, ca. 25 g
- Merinowolle im Kammzug in Hellblau, ca. 10 g
- Noppenfolie, ca. 15 cm x 13 cm

SCHLÜSSELANHÄNGER

- Strang Merinowolle im Kammzug in beliebiger Farbe, ca. 40 cm lang (ca. 3 g)
- einige bunte Wollflocken
- Schlüsselring
- Karabinerhaken

VORLAGE SEITE 54

Täschchen

1 Das dunkelblaue Täschchen wie im Grundkurs ab Seite 22 beschrieben filzen.

2 Auch beim orangefarbenen, kleinen Täschchen die Grundanleitung beachten, allerdings unterscheidet sich die Anbringung der Schnur etwas: Etwa 4 cm der Schnur ungefilzt lassen und diese Wollfasern auf den Umschlag der Schablone legen. Der gefilzte Teil der Schnur liegt mittig am Schablonenrand an.

3 Darauf orangefarbene Wolle auslegen und nach Grundanleitung filzen.

Schlüsselanhänger

1 Auf den Wollstrang können nach Belieben andersfarbige Wollflocken aufgelegt werden. Den bunten Wollstrang dann trocken vorrollen.

2 Die Unterlage mit Seifenlauge befeuchten und den Wollstrang behutsam hin- und herrollen, damit die bunten Flocken anfilzen. Dann wie auf Seite 12 beschrieben filzen; etwa 5 cm an jeder Seite bleiben allerdings ungefilzt.

3 Die ungefilzten Enden in der Mitte teilen und jeden Strang einzeln ca. zweifingerbreit filzen. Anschließend die ungefilzten Endzipfel zusammenfilzen. So entstehen die Schlaufen für Karabiner und Schlüsselring.

4 Die Schnur sehr fest filzen, damit sie der starken Belastung einer Schlüsselkette standhält. Abschließend Karabiner und Schlüsselring befestigen.

Tipps

Ist der Kammzug viel länger als benötigt, den Strang vor dem Abreißen längs teilen und in der gewünschten Länge nur den dünnen Teil abtrennen, dann hat man weniger Verschnitt.

Steht einem nur ein kurzer Strang der gewünschten Farbe zur Verfügung, wird dieser in dünne Stränge längs geteilt. Diese kurzen Stränge wieder zusammensetzen, indem die ausgedünnten Enden überlappend gelegt und trocken zusammengerollt werden.

Die Täschchen können in allen Farben angefertigt werden, links und in der Schrittanleitung finden Sie weitere Varianten. Auch für Kinder sind die Täschchen eine gut machbare Idee.

Beim Schlüsselband die Schlinge auf der Karabinerseite eventuell mit Nadel und Faden zusätzlich fixieren.

GLIEDERKETTE

TECHNIK
Formfilzen (ab Seite 10)

SCHWIERIGKEITS-GRAD

MATERIAL
- Merinowolle im Kammzug in verschiedenen Rot- oder Grün-, Blau- und Türkistönen, 6 x 15 cm lang
- Solitärperle in Herzform oder größere Silberschnecke, ø ca. 2,5 cm
- Nadel und Nähgarn in passender Farbe

1 Für die einzelnen Glieder der Kette jeden der sechs Kammzugstränge längs in sechs dünnere Stränge teilen. Nun einen Strang nehmen und um drei Finger – Zeige-, Mittel- und Ringfinger – wickeln. Einen Ring mit rundem Querschnitt filzen (siehe Seite 13). Das fertige Kettenglied passt um zwei Finger.

2 Zum Verbinden von zwei einzelnen Ringen durch diese einen Strang Wolle ziehen und diesen wieder um die Finger – und durch die aufgezogenen Ringe – wickeln (siehe Foto unten). Dann den Verbindungsring wie gewohnt filzen.

3 So werden mehrere Ringtrios gefilzt. Jeweils zwei dann wieder mit einem Strang Wolle zusammenfilzen, bis die gewünschte Kettenlänge erreicht ist.

4 Die Kettenenden entweder auch wieder mit einem Ring verbinden oder mit einer großen Schmuckperle dazwischen zusammennähen.

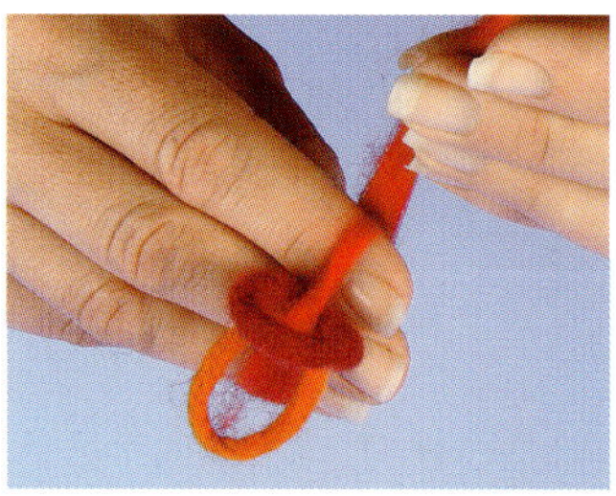

ARMREIFEN

Beschrieben wird das Anfertigen des grünen Armreifens, die anderen werden ebenso in anderen Farben angefertigt.

1 Einen dünnen Strang grüne Filzwolle zweimal um die breiteste Stelle des Handballens wickeln. Die Enden sollten dabei leicht überlappen, damit der Ring gleichmäßig dick wird.

2 Der Armreif wird wie eine Ringschiene mit rundem Querschnitt gefilzt (siehe Seite 13). So drei gleich große Ringe in unterschiedlichen Farbtönen filzen.

3 Die drei Ringe mit vier dünneren Ringen verbinden. Für jeden davon etwas ungefilzte, türkisfarbene Strangwolle locker um den Armreifen wickeln und an dieser Stelle mit Seifenlauge zu einem runden Kringel filzen. Die Verbindungsringe sind frei beweglich und können so an die gewünschte Stellen geschoben werden.

Tipp

Der gelbe Armreif besteht aus etwas dickeren Einzelreifen, hier benötigen Sie ca. 3 g Wolle pro Reifen. In einen Ring wird hier noch etwas rote Wolle eingearbeitet. Dafür einen stopfgarndicken roten Strang vorrollen und vor dem Filzen auflegen.

TECHNIK
Formfilzen (ab Seite 10)

SCHWIERIGKEITSGRAD

MATERIAL PRO ARMREIF

- Merinowolle in drei unterschiedlichen Farbtönen, je ca. 2 g
- etwas Merinowolle in Türkis

BLUMENTASCHE

TECHNIK
Flächen filzen (ab Seite 14)
Schablonenfilzen
(ab Seite 22)

SCHWIERIGKEITSGRAD

MATERIAL

- Merinowolle im Kammzug in Braun, 220 g
- etwas Merinowolle im Kammzug in fünf Blautönen
- dünne Stränge Merinowolle im Kammzug in Hellblau, Grün und Petrolgrün, ca. 1,70 m lang (Gurtlänge)
- etwas Merinowolle im Kammzug in Schwarz
- Lockenwolle in Braun meliert, 10 g
- etwas Lockenwolle in Gelb
- etwas Tussanseide in Gelb
- Noppenfolie für die Schablone, ca. 80 cm x 55 cm
- Nähnadel und Nähgarn in Braun und Grünblau

VORLAGE SEITE 55

1 Vom braunen Kammzug einen 1,70 m langen Strang abtrennen und auf einer ausreichend großen Filzunterlage, z. B. einer Kofferraumwanne mit aufgelegter Antirutschmatte und Leintuch, gleichmäßig auf ca. 10 cm Breite ziehen. Darauf jeweils einen dünnen, trocken vorgerollten, hellblauen, grünen und petrolgrünen Strang im Abstand von ca. 2 cm auflegen.

2 Den Gurt in der Reibetechnik anfilzen (siehe Seite 17). Für diese Tasche wird ein flacher Gurt benötigt, deshalb die Fläche gut anfilzen, bevor sie in der Rolltechnik gewalkt wird. Das Walken ergibt schöne Kanten.

3 Für den Verschluss (Blütenstempel) ca. 15 cm braunen Kammzug abtrennen und mittig zweifingerbreit filzen. Eine Seite komplett ungefilzt lassen, diese wird später zum Verbinden mit der Tasche verwendet. Auf der anderen Seite den Strang fünfteilen und zu kurzen Schnüren filzen.

4 Nun die Tasche selbst filzen. Das Muster wird direkt auf der Schablone ausgelegt, so wird ein Verrutschen beim Filzen verhindert. Die Blüte wie folgt auslegen: In der Mitte des Taschenüberschlages aus schwarzer Wolle neun kleine Kügelchen setzen, über die gelbe Lockenwolle gelegt wird. Das ergibt die Staubgefäße der Blüte.

5 Mit der gelben Seide die fünf Blütenblätter andeuten. Die Merinowolle in Blautönen für die Blütenblätter sehr dünn auflegen, dadurch scheint die Hintergrundfarbe durch und die Zartheit der Blüte wird unterstrichen. Die Blütenblätter werden durch je zwei trocken gerollte, farblich passende Schnüre begrenzt. Am Rand der Blüte wird die blau melierte Lockenwolle verteilt.

6 Nun die braune Wolle wie auf Seite 23, Schritte 3 und 4 beschrieben, in drei Lagen auslegen. Dann alles mit Seifenlauge besprengen, anfilzen und das Arbeitsstück wenden, so dass die Schablone oben liegt.

7 Die Schablone kurz anheben und in das gelbe Staubgefäß eine ca. 2 cm lange Öffnung einschneiden, hier wird bei der fertigen Tasche der Blütenstempel durchgezogen.

8 Die Schablone wieder auflegen. Die überstehenden Fasern von der anderen Seite um den Rand schlagen und die Wolle für die zweite Seite auslegen. Leicht anfilzen. Dann den Taschenüberschlag schließen und durch das Loch die Stelle markieren, an der der Verschluss angebracht wird.

9 Ein kleines Loch in die Taschenfront schneiden, den in Schritt 3 vorbereiteten Blütenstempel durchziehen und ungefilzte Wolle großflächig über das nicht gefilzte Ende der Schnur ausbreiten. Die Fläche fertig anfilzen.

10 Lassen sich keine Fasern mehr aus der Filzoberfläche ziehen, kann zum Walken übergegangen werden. Nach dem Walken die Tasche auswaschen, in Form ziehen, und trocknen lassen. Abschließend dämpfen und den Gurt rückseitig mit farblich passendem Garn annähen.

Tipp

Ist die Wolle beim Anbringen des Verschlusses (Schnur) schon zu stark gefilzt und verbindet sich nicht mehr mit der losen Wolle, kann sie mit einer Bürste wieder aufgeraut werden. Alternativ den Stempel mit ein paar Nähstichen fixieren.

Meist steht einem keine Unterlage in Gurtlänge zur Verfügung. Der Gurt kann auch etappenweise ausgelegt, nassgemacht und gefilzt werden.

DAUERBLÜHER

TECHNIKEN
Formfilzen (ab Seite 10)
Blumen filzen (ab Seite 18)

SCHWIERIGKEITSGRAD

MATERIAL PRO BLUME
- Vorfilz aus Merinowolle in Rot oder Weiß, 12 cm x 12 cm
- etwas Merinowolle in Orange, Dunkelrot und Dunkelgrün
- ½ Strang Merinowolle in Hellgrün oder Lindgrün, ca. 1,30 m lang

1 Die Blüten werden wie auf Seite 19 beschrieben mit Stiel angefertigt. Für die Blüte einen ca. 12 cm großen Kreis aus Vorfilz ausschneiden und daran den Stiel ansetzen.

2 Vor allem für einen Gürtel die Schnur nicht zu kurz anfertigen, die Wolle schrumpft beim Filzen noch um ca. 20 bis 30 Prozent. Deshalb die Länge des Gürtels vorher genau berechnen.

3 Soll die fertige Schnur eine glatte Oberfläche haben, wird sie auch beim Walken hin- und hergerollt. Für eine gewellte Oberfläche – wie bei den dünneren Schnüren – die Schnur leicht anfilzen und dann zusammenknüllen und mit hohem Druck auf einer Unterlage wie einen Ball kugeln. Das Knäuel filzt partiell zusammen, deshalb die Fasern zwischendurch immer wieder auseinanderziehen. Bei diesem Vorgang erhalten die Fasern ihre natürliche Kräuselung zurück.

Tipp

Eine langstielige Blüte sieht sehr schön aus als Haarschmuck oder um den Hals gelegt als Kette. Als Schmuckstück oder für Tisch- und Raumdekorationen eignen sich gekräuselte Schnüre mit mehreren angenähten Blüten. Die gekräuselte Schnur auf dem Foto wird aus einem Sechstel eines längsgeteilten Kammzugs angefertigt.

ROSEN

TECHNIK
Blumen filzen (ab Seite 18)

SCHWIERIGKEITSGRAD

MATERIAL
- Merinowolle in Rot oder Weiß, 5 g
- Merinowolle in Hellgrün und Dunkelgrün, je 1 g
- Nähnadel und Nähgarn in Rot
- Broschennadel

VORLAGE SEITE 54

1 Die Rosen werden wie auf Seite 20/21 beschrieben gefilzt. Für die Blütenblätter eine Vorfilzplatte vorbereiten, aus der die einzelnen Blätter ausgeschnitten werden können. Besonders schön wirken melierte Filze, wie bei den Blättern. Dafür werden zwei Farben Filzwolle gemeinsam gezupft (siehe Seite 20, Schritt 2).

2 Dann die einzelnen Blütenblätter zusammennähen und die Blätter ansetzen.

3 Nach dem Filzen kann eine Broschennadel an die Rückseite genäht werden.

Tipp

Die Rosenblüte kann auch an einer gefilzten Schnur fixiert und als Kette oder Gürtel getragen werden.

WOHNRAUMDEKORATIONEN

DEKO-HALBKUGELN

1 Die Kugel wird wie in der Grundanleitung auf Seite 10/11 beschrieben gefilzt, allerdings in mehreren Schichten aufgebaut.

2 Zuerst alle Wollreste komplett farblich sortiert zupfen. Aus ein paar Fasern eine kleine Kugel wickeln, in Seifenlauge eintauchen und die Kugeln mit unterschiedlich dünnen Farbschichten aufbauen. Die einzelnen Schichten nicht anfilzen, sondern nur mit seifigen Händen glatt streichen, da sich ansonsten die nächste Wollschicht nicht mit der darunter liegenden verbindet.

3 Die äußere Wollschicht sollte ca. 5 mm stark aufgebaut sein, das ergibt ein schöneres Endresultat.

4 Alles zu einer sehr festen Kugel filzen. Die Kugel nach dem Trocknen mit einem scharfen Messer halbieren. – Das ist immer ein Überraschungsmoment, denn erst jetzt wird das Muster sichtbar! Die Schnittkante mit seifigen Fingern nachfilzen.

Tipps

Die Kugeln sehr fest filzen, sonst vermischen sich die Farbkonturen beim Anfilzen der Schnittkanten.

Diese Halbkugeln sind eine ideale Resteverwertung und ein gern gesehenes Geschenk. Sie sind nicht nur dekorativ, sondern können sich auch nützlich machen: z. B. als Nadelkissen.

TECHNIK
Formfilzen (ab Seite 10)

SCHWIERIGKEITSGRAD

MATERIAL
- Merinowolle in verschiedenen Farben, insgesamt ca. 35 g

SCHÖN GEDECKTER TISCH

TECHNIK
Schablonenfilzen
(ab Seite 22)
Blumen filzen (ab Seite 18)

SCHWIERIGKEITSGRAD

MATERIAL PRO EIERWÄRMER
- Merinowolle im Kammzug in Weiß, ca. 6 g
- etwas Merinowolle im Kammzug in unterschiedlichen Grüntönen
- etwas Merinowolle im Kammzug in Rot und Gelb oder Lila und Gelb

PRO DEKO-BLÜTE
- Vorfilz in Weiß, ca. 10 cm x 10 cm
- etwas Merinowolle in Dunkelrot, Orange, Hell- und Dunkelgrün

VORLAGE SEITE 57

Eierwärmer

1 Die Eierwärmer werden wie im Grundkurs „Schablonenfilzen" auf Seite 22 beschrieben angefertigt. Im Unterschied zur Grundanleitung wird das Muster hier nicht auf die Schablone, sondern erst auf die ausgelegte Wolle gelegt. Durch die Zipfelform der Eierwärmer kann diese Filzarbeit nicht gewendet werden. Damit das Muster nicht verrutscht, sollte es unbedingt mit einer aufgelegten Plastikfolie angefilzt werden (evtl. vorher mit einer Filznadel etwas fixieren).

3 Die weiße Wolle auf der Schablone auslegen und nur einige Fasern grüne Wolle als Grashalme aufsetzen. Damit sie schön spitz zulaufen, werden sie am oberen Ende etwas zwischen den Fingern gedreht.

4 Für die Blütenblätter jeweils fünf winzige Kügelchen auflegen, ein weiteres andersfarbiges für die Blütenmitte ergänzen. Die Blüte muss sehr sorgfältig angefilzt werden (ist etwas zeitaufwändig).

Deko-Blüten

1 Die Blüten werden wie auf Seite 18/19 beschrieben angefertigt. Je nach Belieben eine runde oder sternförmige Vorlage verwenden.

2 Die einzelnen Blüten lose auf dem Tisch drapieren oder wie die Blüten auf Seite 40 an eine Schnur nähen.

FIVE O' CLOCK TEA

TECHNIKEN
Flächen filzen (ab Seite 14)
Schablonenfilzen
(ab Seite 22)

SCHWIERIGKEITSGRAD

MATERIAL PRO TEETASSENHÜLLE
- Merinowolle im Kammzug in Orange, Rot und Lila, je ca. 3 g
- Teeglas

TEEKANNENWÄRMER
- Merinowolle im Kammzug in Rottönen, ca. 100 g
- Merinowolle im Kammzug in Orange, 10 g
- etwas Merinowolle im Kammzug in Lila
- Lockenwolle in Rot, 20 g
- etwas gefärbte Seide in Rot

VORLAGE SEITE 56

Teeglasumhüllung

Die Teeglasumhüllungen werden je nach Glasmaß angefertigt, hier sind sie 20 cm lang und 7,5 cm hoch. Sie werden mit der langen Schnur am Glas befestigt.

1 Zuerst eine ca. 65 cm lange Schnur mit einem ungefilzten Ende herstellen. Dann mit dem Schrumpffaktor die Größe für die Hülle berechnen. Die Außenmaße auf ein Tuch aufzeichnen und mit der ersten Wollfarbe zwei dünne Schichten auslegen.

2 Das ungefilzte Ende der Schnur auflegen und mit der zweiten Wollfarbe zwei weitere Schichten kreuzweise darauf legen. In der Rolltechnik oder Reibetechnik fertig filzen und walken.

3 Gegebenenfalls die Kanten gerade schneiden, dann aber die Schnittkante noch einmal nachfilzen.

Teekannenwärmer

1 Zuerst wird die Schnur-Verzierung gefilzt: Zwei 1,5 cm und eine 2 cm große Kugel wickeln und befeuchten. Einen 25 cm langen Strang rote Merinowolle an einer Seite in drei gleichmäßige Stränge teilen. Das Ende des mittleren Strangs um die große Kugel, die Enden der seitlichen Stränge um die kleinen Kugeln wickeln. Unterhalb etwas orangefarbene Wolle um den Strang herumwickeln. An der Gabelung noch etwas lila Wolle auflegen.

2 Nun das Astgebilde mit Seifenlauge befeuchten, dabei darf das untere Drittel des Strangs nicht nass werden. Das Ganze behutsam anfilzen, dafür benötigen Sie Geduld und Zeit.

3 Die fertig gefilzte Verzierung am trocknen Strangteil teilen und eine Hälfte auf die Schablone, die andere darunter legen.

4 Nun die Wolle für die Hülle auslegen: Die unteren 10 cm der Schablone mit einer Schicht orangefarbener Wolle auslegen. Dann die rote Wolle wie auf Seite 23 beschrieben in drei Lagen auslegen. Die Wolle wird auch hier über den Schablonenrand hinaus gelegt, später aber nicht umgeschlagen, wodurch der unregelmäßige, wulstige Randabschluss entsteht.

5 Auf der ausgelegten Wolle rote Lockenwolle und Seide verteilen. Dann das Ganze mit einer aufgelegten Plastikfolie in der Reibetechnik anfilzen. Anschließend umdrehen und die zweite Seite ebenso wie die erste mit Wolle auslegen und gut anfilzen. Nicht vergessen: Die überstehenden Fasern am Rand werden nicht um die Schablone herum geschlagen!

6 Vor dem Fertigwalken kann der untere Rand wellig oder zackig geschnitten werden, dadurch entsteht der ansprechende Umschlag.

Tipp

Um die Wolle gleichmäßig auf beiden Schablonenseiten zu verteilen, wird der Strang vor dem Auslegen halbiert. So weiß man, wie viel Wolle pro Seite zur Verfügung steht.

SITZKISSEN IM JURTEN-STIL

TECHNIKEN
Flächen filzen (ab Seite 14)
Formfilzen (ab Seite 10)

SCHWIERIGKEITSGRAD

MATERIAL LABYRINTH-MUSTER

- Vorfilz aus Merinowolle im Kammzug in Gelb und Rot, je ca. 50 cm x 50 cm (ca. 30 g)
- etwas Merinowolle im Kammzug in Grün (zum Melieren)
- Eiderwolle im Kardenband in Dunkelbraun, ca. 200 g

SONNENKISSEN

- Vorfilz aus Merinowolle im Kammzug in Gelb meliert, ca. 30 cm x 30 cm (ca. 25 g)
- etwas Merinowolle im Kammzug in Blau und Rotviolett (zum Melieren)
- Eiderwolle im Kardenband in Weiß, 60 g, und Braun, 140 g

VORLAGE SEITE 57

1 Zuerst acht ca. 30 cm lange Schnüre filzen (siehe Seite 12), die an einer Seite ungefilzt bleiben. Vor dem Rollen können noch vereinzelt bunte Wollfasern aufgelegt werden, das macht die Schnüre interessant. Diese Schnüre werden später an den Ecken des Kissens angebracht und zum Festbinden am Stuhl verwendet.

2 Für das Labyrinth-Kissen das Muster aus Vorfilz ausschneiden. Einen Teil des Musters aus rotem Vorfilz zuschneiden, das Gegenstück aus gelbem Vorfilz arbeiten Hierbei ist exaktes Arbeiten sehr wichtig. Die beiden Musterstücke auf der Filzunterlage zusammenlegen. Im nassen Zustand lässt sich das Muster exakter zusammenführen.

3 Für das Sonnenkissen wird die Sonne ebenso aus Vorfilz ausgeschnitten. Die Tropfen aus Wollflöckchen auf der Unterlage auslegen. Dafür lockere Kugeln mit einem herausgezogenen Ende aufsetzen.

4 Um das Muster beim Labyrinthkissen herum grüne, ganz dünn gezupfte Flocken als Rahmen platzieren. Das Ganze mit der Hintergrundwolle (braune Eiderwolle) zweilagig bedecken.

5 Beim Sonnenkissen über das Muster aus weißer Wolle ein Quadrat auslegen, dabei aber die Wolle über die weiße Fläche hinaus auslegen, so entsteht der dunkle Randabschluss.

6 Nun an jeder Ecke zwei der in Schritt 1 angefertigten Schnüre auflegen, dabei die ungefilzten Enden wie bei der Tasche auf Seite 32 beschrieben auffächern.

7 Zwei weitere Lagen Wolle auslegen, dabei nach jeder Lage die Richtung wechseln (kreuzweises Auslegen).

8 Das Sitzkissen in der Rolltechnik filzen und fertig walken. Die fertig gefilzten Schnüre werden mit eingerollt und können, wenn nötig, zwischendurch wieder in Form gerollt werden.

Tipp

Um beim Muster eine klare Kante zu bekommen, sollte der Vorfilz schon recht fest sein.

BLUMENLICHTER

TECHNIK
Blumen filzen (ab Seite 18)

SCHWIERIGKEITS-GRAD

MATERIAL ROTE LICHTERKETTE

- Vorfilz aus Merinowolle im Kammzug in Rot, ca. 30 cm x 40 cm
- etwas Merinowolle im Kammzug in Braun, Hellgrün, Tannengrün und Orange
- 10er-Lichterkette in Grün
- Nadel und Nähgarn in Rottönen

1 Die Blumen werden wie auf Seite 18/19 beschrieben ohne Stiel angefertigt. Als Schablone kann ein Glas verwendet werden (ø ca. 9,5 cm).

2 Die Blüten zwischen den Handflächen walken, wobei der Druck am Stielansatz stärker sein muss. Dadurch schrumpft die Blüte hier stärker und erhält eine schöne Glockenform.

3 Zum Anbringen an der Lichterkette die Blüte am Stielansatz einschneiden, das Lämpchen durchziehen und festnähen.

EIERHALTER

TECHNIK
Formfilzen (ab Seite 10)

SCHWIERIGKEITSGRAD

MATERIAL PRO EIERHALTER
- Merinowolle im Kammzug in Weiß, ca. 2 g
- etwas Merinowolle im Kammzug in Grün

Für die Eierhalter werden größere Ringe gefilzt, um die Schnüre gebunden werden. Eine einfache Idee mit großer Wirkung – nicht nur zur Osterzeit.

1 Zum Filzen der Ringe den Kammzug um drei Finger – Zeige-, Mittel- und Ringfinger – wickeln und so lange filzen, bis der Ring um zwei Finger passt.

2 Aus der grünen Wolle drei dünne, ca. 15 cm lange Schnüre filzen.

3 Zum Befestigen der Filzschnüre am Ring diese zur Schlaufe legen, den Ring darauf setzen und die offenen Enden durch die Schlaufen ziehen. Anschließend festziehen und nach Belieben noch etwas ausformen.

KUGEL-MOBILE

TECHNIK
Formfilzen (ab Seite 10)

SCHWIERIGKEITS-GRAD

MATERIAL
- Draht, ca. 40 cm lang
- Merinowolle im Kammzug in 12 verschiedenen Farben, pro kleine Kugel ca. 3,5 g, pro große Kugel ca. 5,5 g
- 12 Kammzugsträhnen in den gewählten Farben, je ca. 15 cm lang
- Nähnadel und Nylonfaden
- Quetschperlen

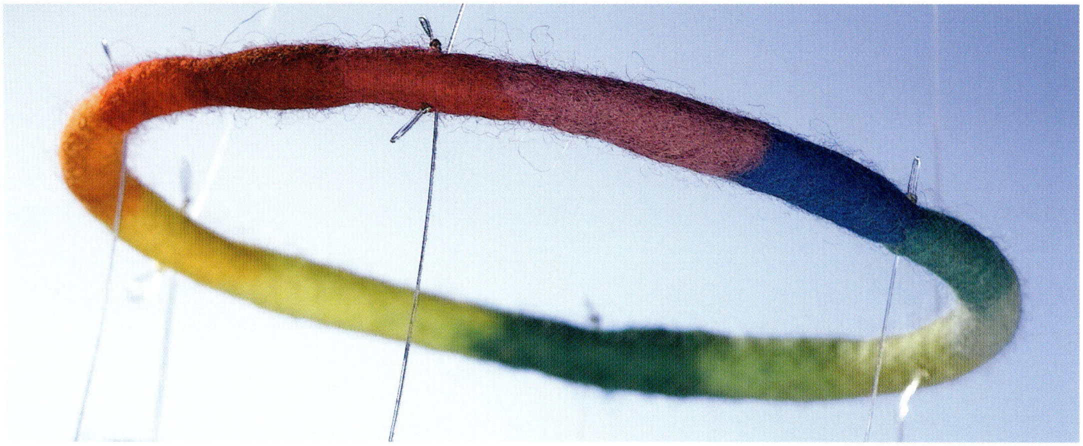

1 Das Grundgerüst des Mobiles ist ein Drahtring. Dafür den Draht um ein Einmachglas zu einem ca. 14 cm großen Kreis biegen. Die Enden ca. 10 cm überlappen lassen und verschlingen.

2 Von jedem Farbton einen dünnen Strang abteilen, ca. $\frac{1}{6}$ des 15 cm langen Kammzugs. Die Stränge werden regenbogenfarbig angeordnet und fest um den Draht gewickelt. Dabei beachten, dass die Umwicklung auch an den Farbübergängen gleichmäßig stark ist, dafür die Farben leicht überlappend wickeln.

3 Das Ganze mit Seifenlauge befeuchten und vorsichtig anfilzen. Dazu am besten die Hände mit Seife einreiben, damit die Wollfasern nicht daran kleben bleiben. Anschließend durch Reiben fertigfilzen.

4 Nun wie auf Seite 10/11 beschrieben je sechs große und kleine Kugeln filzen.

5 Für die Aufhängung drei ca. 30 cm lange Nylonfäden an einem Ende mit jeweils einer Quetschperle versehen. Die Fäden in gleichen Abständen – je Ringdrittel einen – mit einer Nadel durch den Ring ziehen. Die Quetschperle befindet sich nun unter dem Ring.

6 Am oberen Ende die drei Fäden zusammenknoten, so dass der Ring horizontal hängt. An sechs weiteren, ca. 30 cm langen Fäden an einem Ende je eine Quetschperle anbringen. Drei Fäden an gleichen Stellen wie die Aufhängung anbringen, die anderen dazwischen.

7 Auf jeden Faden mithilfe einer Nadel eine große Kugel aufziehen. Der Abstand der ersten Kugel vom Ring beträgt 3 cm; er wird dann von Kugel zu Kugel um 2 cm größer. Um die Kugeln zu fixieren, wird unterhalb jeder Kugel eine Quetschperle angebracht.

8 Nun die kleinen Kugeln im Abstand von 8 cm zu den großen fixieren. Auch sie mit Quetschperlen fixieren und den Nylonfaden unterhalb davon kürzen.

Tipp

Die Kugeln müssen nicht fest durchgefilzt werden, da sie luftig an dem Nylonfaden hängen.

Trend-Bag

Seite 33

Vorlage auf 16 mm Rastermaß oder um 322% vergrößern

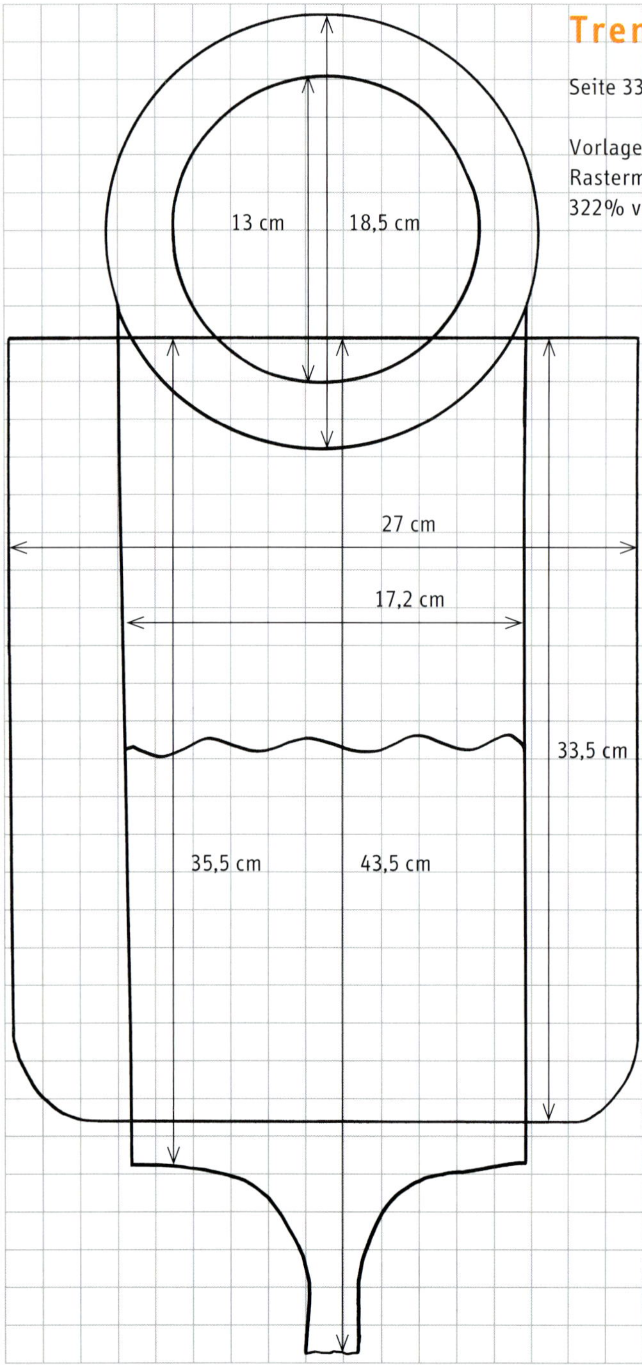

Immer alles griffbereit

Seite 35

Vorlage auf 20 mm Rastermaß oder um 400% vergrößern

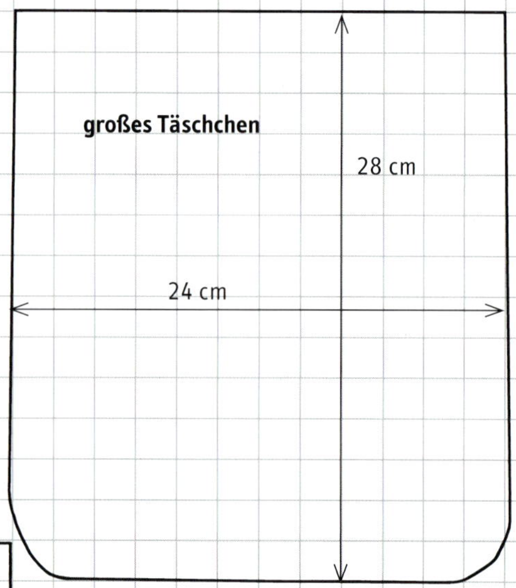

kleines Täschchen

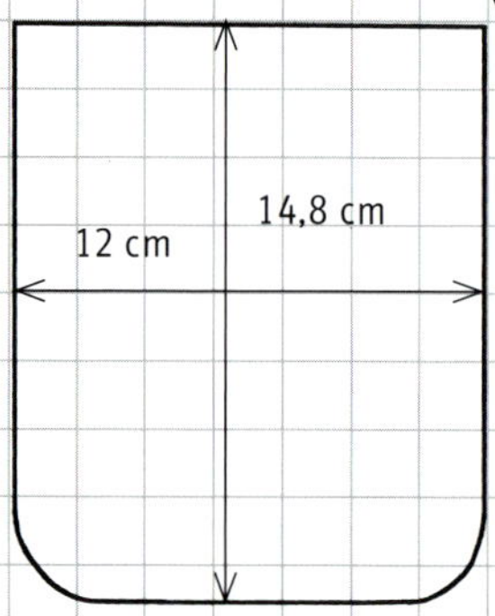

Vorlage auf 17 mm Rastermaß oder um 344% vergrößern

Rosen

Seite 41

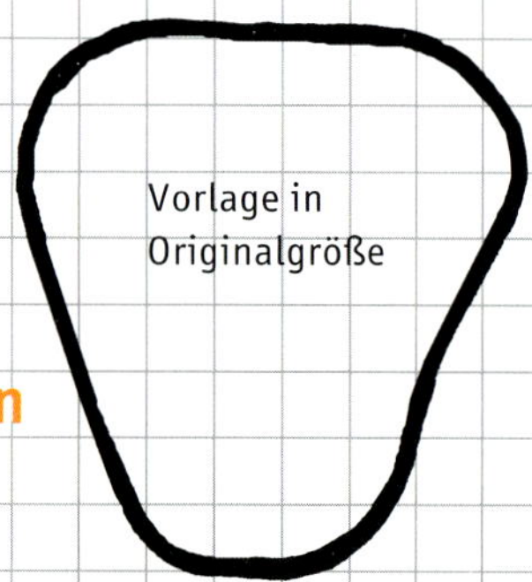

Blumentasche

Vorlage auf 20 mm Rastermaß oder um 400% vergrößern

Seite 39

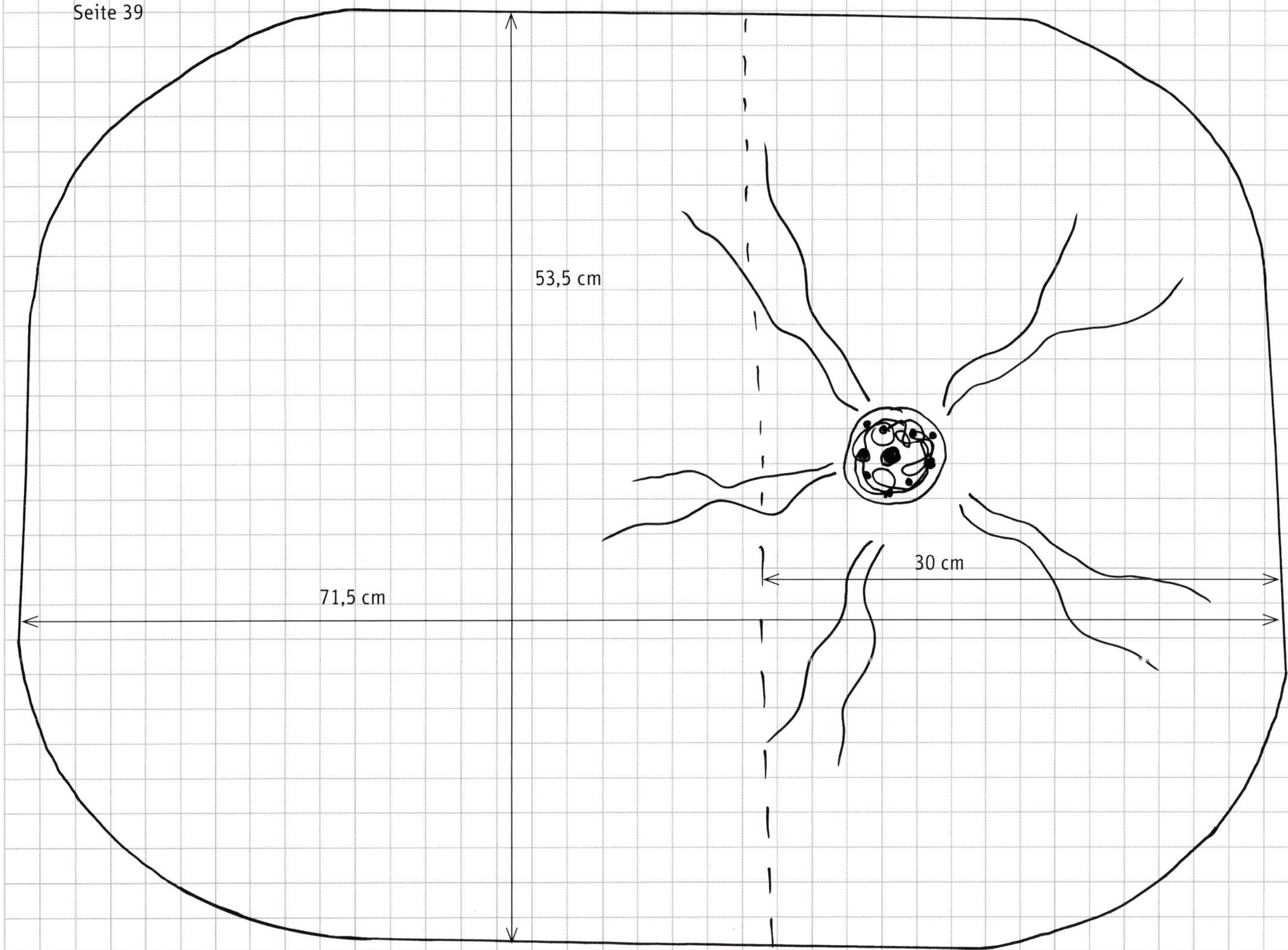

Hinweis

Das Rastermaß dient dem Vergrößern ohne Kopierer. Kästchen im angegebenen Maß (bei der Blumentasche z. B. 20 mm) auf Papier zeichnen. Dann die Vorlage Kästchen für Kästchen übertragen.

Five O'Clock Tea

Teekannenwärmer
Seite 47

Vorlage auf 14 mm Rastermaß
oder um 284% vergrößern

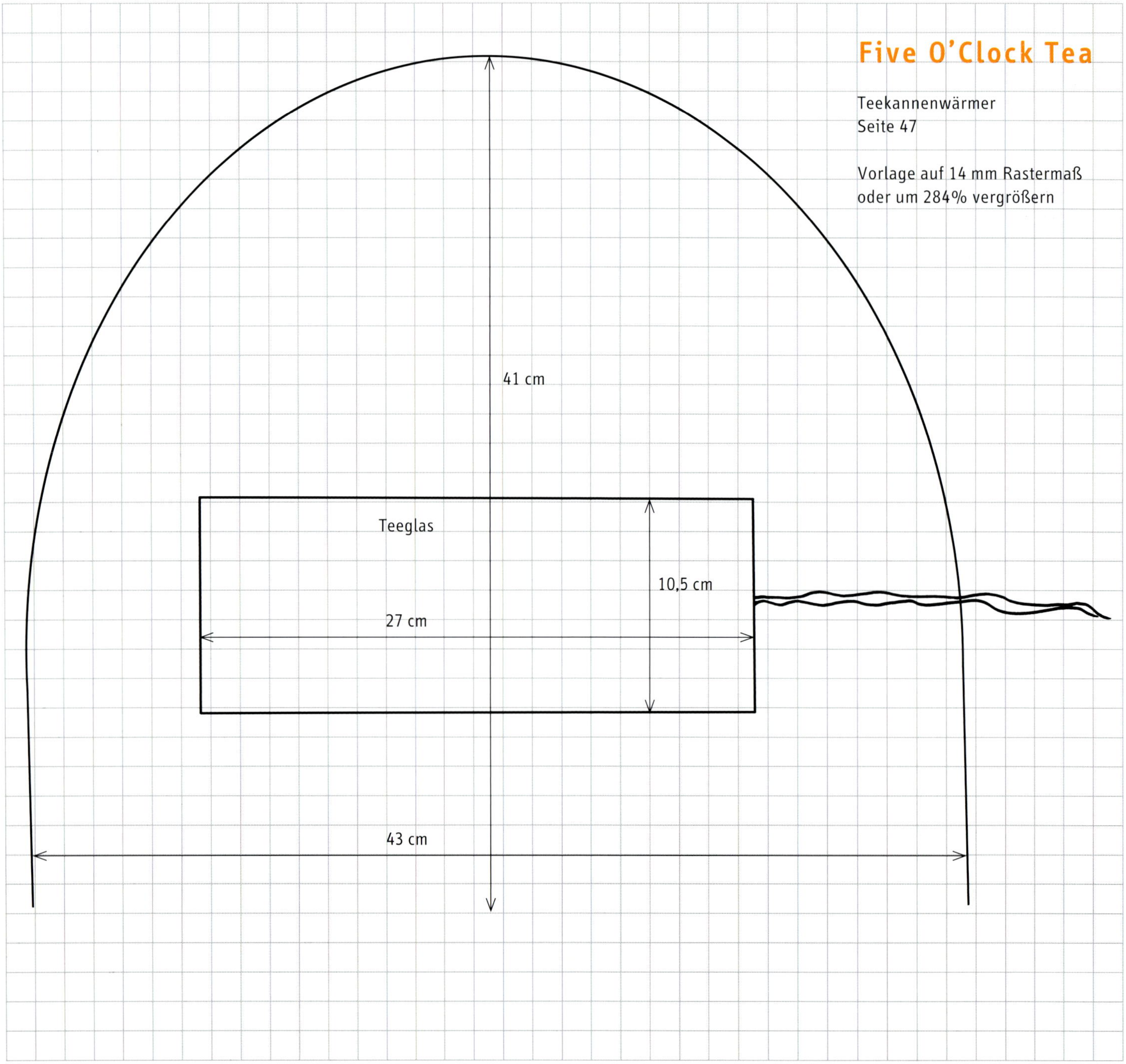

Sitzkissen im Jurten-Stil

Seite 49

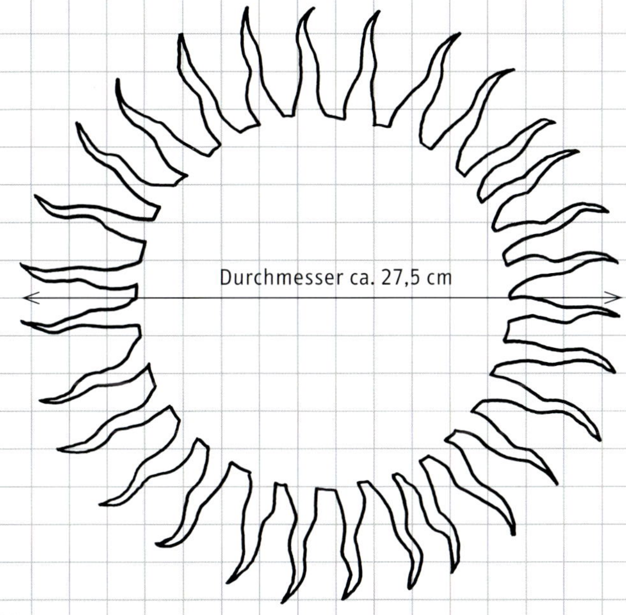

Vorlage auf 17 mm Rastermaß oder um 348% vergrößern

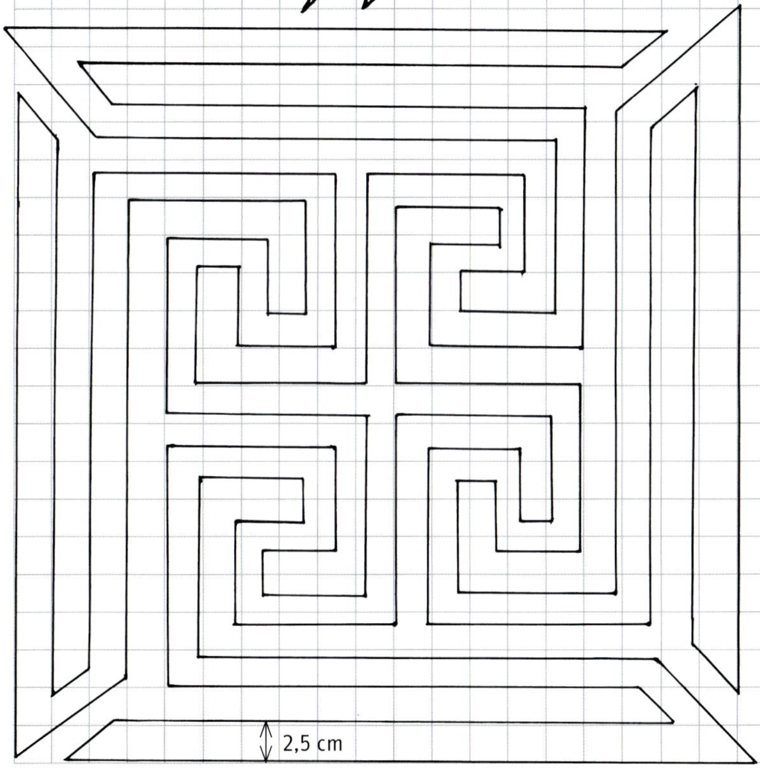

Vorlage auf 20 mm Rastermaß oder um 400% vergrößern

Schön gedeckter Tisch

Seite 45

Dekoblüten

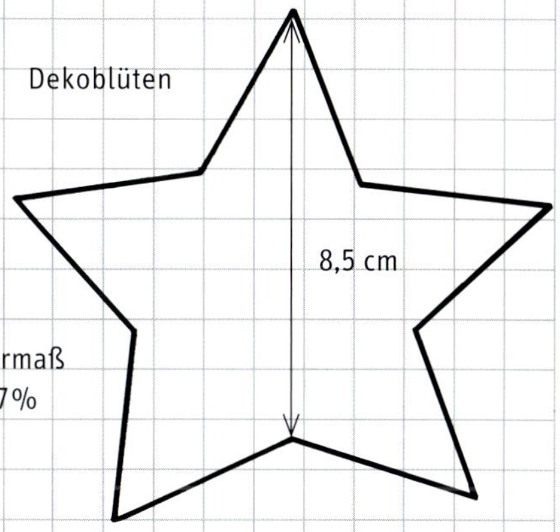

Vorlage auf 5 mm Rastermaß oder um 107% vergrößern

Eierwärmer

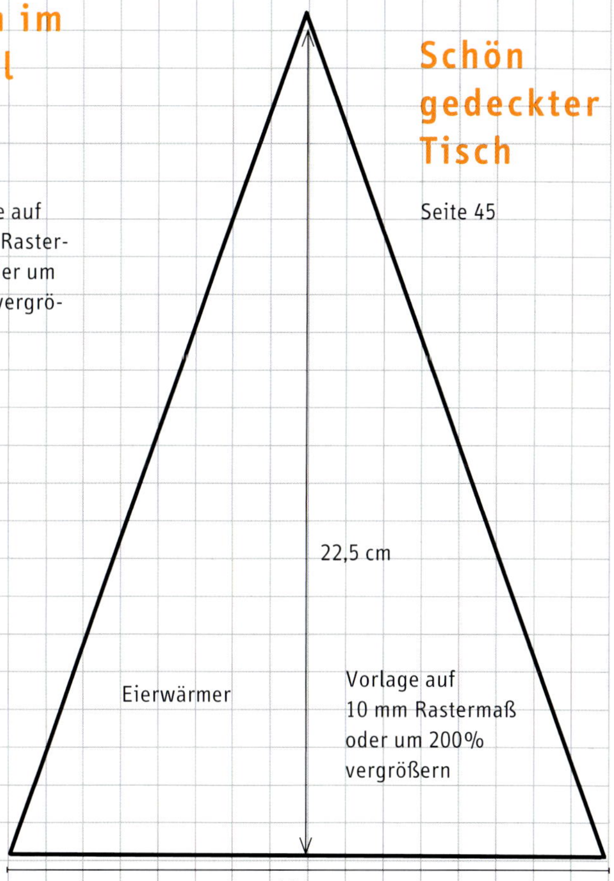

Vorlage auf 10 mm Rastermaß oder um 200% vergrößern

Vorfilz
Vorfilz nennt man den leicht angefilzten Verbund aus Wollfasern, eine Vorstufe des Filzes. Man verwendet ihn für oft wiederkehrende Formen oder zum Erzielen klarer Konturen bei Mustern. Ist die Fläche bereits zu stark angefilzt, verbinden sich die Fasern nicht mehr miteinander.
Für Vorfilz zwei Lagen Wolle kreuzweise auslegen und in der Roll- oder Reibetechnik anfilzen.

Dämpfen
Das Filzstück wird mit Wasserdampf geglättet (Bügeln mit einem Dampfbügeleisen).

Anfilzen
Mit wenig Druck so lange filzen, bis ein Muster oder angesetztes Teil fixiert ist. Es darf sich nicht mehr verschieben lassen.

Walken
Als Walken bezeichnet man den abschließenden Vorgang beim Filzen, bei dem die Wolle sehr stark schrumpft. Das Walken beginnt, wenn die Wolle soweit angefilzt ist, dass sich keine einzelnen Fasern mehr aus dem Arbeitsstück ziehen lassen. Zum Walken werden viel heiße Seifenlauge, Ausdauer und Kraft benötigt.
Die Wolle schrumpft immer in die Richtung, in die gewalkt wird, deshalb ist es wichtig, die Filzarbeit während des Walkens gleichmäßig zu drehen und zu wenden.

Filzwolle
Die Wollen ganz unterschiedlicher Tiere können zum Filzen verwendet werden, am häufigsten wird die Wolle des Schafes benutzt. Besonders weich ist die Wolle des Merinoschafes, grober, aber günstig ist die des Bergschafes. Im Handel wird kardierte Wolle – d. h., dass sie bereits gewaschen und gekämmt ist – in vielen Farben und Aufbereitungsformen angeboten. Am beliebtesten sind der Kammzug, auch Strangwolle genannt, und das Vlies. Filzwolle ist wasserabweisend, feuchtigkeitsausgleichend, isolierend, elastisch, schwer entflammbar, Schmutz abweisend und heilend. Durch Feuchtigkeit, Wärme und Druck (Reibung) verfilzt sie.

Seifenlauge
Wird als Gleitmittel beim Filzen verwendet. Zum Herstellen der Seifenlauge einem Löffel Seife in einem Liter heißem Wasser auflösen. Jede Seife kann verwendet werden, als besonders hautschonend gilt Olivenseife. Alternativ können auch Industriefilzseife oder so genannte Turbofilzer – erhältlich beim Wolllieferanten – verwendet werden, evtl. etwas Olivenöl hinzufügen.

Schrumpffaktor
Filzwolle schrumpft während des Filzvorgangs, wie stark, das hängt z. B. von der Wolle, dem Druck beim Filzen und der verwendeten Technik (Roll- oder Reibetechnik) ab. Anhand eines Teststückes kann man den Schrumpffaktor berechnen: Dazu eine 30 cm x 30 cm große Fläche auslegen, filzen und walken. Nach dem Fertigstellen wird die Testfläche wieder gemessen und anhand dieser zwei Werte der Schrumpffaktor berechnet. Mit dem Schrumpffaktor müssen alle gewünschten Endmasse multipliziert werden.

Reibetechnik

Bei der Reibetechnik wird die ausgelegte, mit Seifenlauge besprengte Wolle mit nassen, seifigen Händen vorsichtig mit kreisenden Bewegungen bearbeitet. Wichtig ist es dabei, mit sanftem Druck von außen nach innen auf die Wolle einzuwirken. Die Fasern dürfen nicht verschoben werden, sonst entstehen Löcher. Während des Filzens wird der Druck gesteigert und so lange gefilzt, bis sich keine Fasern mehr aus dem Objekt ziehen lassen. Dann wird zum Walken übergegangen.

Rolltechnik
Anders als bei der Reibetechnik wird hier die Wolle auf einer Bast- oder Bambusmatte und einem Leintuch oder einer Noppenfolie ausgelegt und nach dem Befeuchten mit Wasser zusammen mit der Bambusmatte und einem Kern eingerollt. Als Kern verwendet man ein Papprohr oder eine Rohrisolierung. Der Kern verhindert, dass die Wollfasern im Inneren der Rolle zu stark gebogen oder geknickt werden und Falten entstehen, was wichtig für eine gleichmäßige Fläche ist.

Werkzeuge und Hilfsmittel
Einige Hilfsmittel sind für das Filzen unerlässlich: Noppenfolie wird für Schablonen oder zum Einrollen großer Flächen in der Rolltechnik verwendet. Zum Ansetzen der Seifenlauge benötigen Sie Gefäß und Löffel. Gleichmäßig verteilen lässt sich die Seifenlauge auf größeren Flächen mit einer Ballbrause oder einem Wäschesprenkler. Eine Bambusmatte und ein Kern sind für die Rolltechnik unerlässlich. Vor Überschwemmungen schützt eine Unterlage – bei kleinen Arbeiten genügt ein Tablett, bei größeren ist eine Autokofferraumwanne hilfreich. Den Filzvorgang erleichtert und beschleunigt eine Antirutschmatte. Halten Sie außerdem ausreichend Hand- und Leintücher bereit!

Katja Bayer ist in Stuttgart-Bad Cannstatt geboren und aufgewachsen. Dort hat sie auch das Abitur gemacht und das Schreinerhandwerk in einer Massivholzschreinerei erlernt. Nach dem Studium in Köln kam sie zurück in ihre Heimat und lebt seither mit ihren zwei Kindern in der Nähe von Stuttgart.
Ihr Interesse galt schon von klein auf dem handwerklichen und gestalterischen Schaffen. So erweckten vor neun Jahren auf einem Kunsthandwerkermarkt ein paar nahtlos gefilzte Kinderschuhe ihr Interesse für das Filzen. Sie machte den Filzer István Vidák ausfindig. Bei ihm erlernte sie Grundzüge der traditionellen turkmenischen Filzkunst. Durch Workshops, eigenes Ausprobieren, moderne Hilfsmittel und eine zwischenzeitlich größere Auswahl an Materialien entwickelte sie mit der Zeit ihren eigenen Stil. Ihre Kenntnisse vermittelt sie gerne in Filzkursen.

IMPRESSUM

FOTOS: frechverlag GmbH, 70499 Stuttgart; Ullrich & Co., Renningen
KONZEPT: Monique Rahner
PROJEKTMANAGEMENT, LEKTORAT: Monique Rahner
GESTALTUNG, UMSCHLAG UND INHALT: Heike Wenger
DRUCK UND BINDUNG: frechdruck GmbH, Stuttgart
MODERATION AUF DVD: Elvira Saverschek, Kornwestheim
FILMAUFNAHME: teamWerk.Die FilmProduktion GmbH, Stuttgart

Auflage:	8.	7.	6.	5.	4.	
Jahr:	2012	2011	2010	2009	2008	[Letzte Zahlen maßgebend]

ISBN 10: 3-7724-5050-4
ISBN 13: 978-3-7724-5050-1
Best.-Nr. 5050